瞭解你十一歲的孩子

艾琳・渥佛爾 著
(Eileen Orford)

張煌熙、徐靜波 譯

三民書局

可以出去玩了呢?」代課老師說:「你簡直亂來,怎麼可以找人代替上課呢?」阿丹理直氣壯的說:「可以有『代課老師』,為什麼不可以有『代課學生』呢?」

這個個案裡說明了當今教養與教育上的諸多問題,如果父母與老師瞭解孩子的發展與需求,也許「暴走族」的孩子就不會產生了。為了讓2000年的臺灣孩子有更生動活潑,以及更人性化的學習環境,上至教育部、教改會,下至民間各個團體紛紛卯足熱勁,扮起教育改革的「拼命三郎」。在參與及推動教育改革的過程中,我和一起工作的老師、父母們有快樂歡愉的經驗,但也有黯然神傷的時候,最重要的原因在於成人往往忽略孩子各個階段的發展與個別差異的需求,這也正是現今「教育鬆綁」窒礙難行之處,真愛孩子就必

須為孩子量身訂做適合孩子成長的學習環境。

　　三民書局為使父母與老師對孩子的發展能更瞭解與認識，同時對孩子的各種疑難雜症，能有「絕招」以對，將採由E.奧斯朋(E. Osborne)主編「瞭解你的孩子」(*Understanding Your Child*) 系列叢書，聘請學理與實務經驗俱豐的專家譯成中文以饗讀者。希望藉此，讓父母與教師在面對各個不同的個案時，能迎刃而解。同時在「琢磨」孩子的過程中，也能關照孩子的「本來」。

　　從初生到二十歲這一成長階段的關注與指南，在國內的出版品中仍屬少見。除了謝謝三民書局劉振強董事長及編輯同仁的智慧與愛心外，更盼你從這些「珍本」中，細體孩子追趕跑跳碰的童年，以及狂狷青少年的生理與心理上的種種變化與特徵。

愛孩子是要學習的，讓我們從認識孩子的發展與需要著手，然後真正的「因材施教」，使每個孩子健健康康、快快樂樂的成長與學習。

盧美貴

於臺北市立師範學院

民國85年8月1日

診所簡介

　　泰佛斯多診所(The Tavistock Clinic)，1920年成立於倫敦，以因應生活遭遇到第一次世界大戰破壞之人們的需要。今天，儘管人與時代都已改變了，但診所仍致力於瞭解人們的需要。除了協助成年人和青少年之外，目前泰佛斯多診所還擁有一個大的部門服務兒童和家庭。該部門對各年齡層的孩子有廣泛的經驗，也幫助那些對養育孩子這件挑戰性工作感到挫折的父母。他們堅決表示成人要盡早介入孩子在其成長過程中所可能

出現的不可避免的問題；並且堅信如果能防患於未然，父母是幫助孩子解決這些問題的最佳人選。

　　因此，診所的專業人員很樂意提供這一套描述孩子成長過程的叢書，幫助父母們認識孩子成長過程中的煩惱，並提供建議以幫助父母思考其子女的成長。

著者

　　艾琳‧渥佛爾 (Eileen Orford) 是一位在泰佛斯多診所兒童與家庭部工作的兒童精神療法的諮詢醫生。她同時也是該所的副所長。在成為兒童精神療法的醫生之前，她曾開設過心理學方面講座，並從事過職業性的指導諮詢工作。她既直接地接觸孩子，同時也指導與兒童有關的機構和人士，她並且花了幾年時間與綜合中學的一年級輔導教師一起工作，因此對十一歲的孩子瞭解頗深。艾琳‧渥佛爾已婚，且有一個已成年的兒子。

目錄

前言

當孩子已不再是原先那麼逗人喜愛的小寶
貝，也還沒有踏入有趣的、充滿獨立意識的青春

期時，對許多人來說十一歲也許不是個太有趣的年齡。然而人生的第十二個年頭卻是一個充滿了變化的時期，因為孩子們正準備迎接即將來臨的青春期遽變。

十一歲的孩子在這一年裡要作許多重大的調整，他們如何作好這些調整對於他們將來能否順利度過青春期深具關鍵性。

第一章

十一歲的孩子像什麼?

在提姆(Tim)十一歲的生日那天,他覺得有點惶恐。在他十歲時,他為自己達到了兩位數的年齡而感到一陣興奮。現在他已是十一歲了,也聽說過了很多十幾歲青少年的故事,可是他並不是他們當中的一員。他的定位在哪裡?有時候這對他的父母和他同樣都是一個問題。

對所有的孩子來說,十一歲是個夾在中間的年齡。童年逐漸結束,但對大多數孩子來說青春期又尚未真正到來。確實,有些孩子早在九歲便開始來了月經,但那畢竟是特例。有些女孩到了十一歲——不過並不是大多數——開始進入青春期,但男孩子在這個年齡卻極少有臨近青春期的。

對變化的不同反應

什麼原因使得這一年齡出現了這樣的變化?當然,

生理上的發展占其中一個非常重要的地位，但是還有很多其他因素。有一些因素對孩子的性格和情感的影響是外在的，比如父母親對孩子這一階段發展的態度，然而有些卻是藏匿在孩子的情感發展內。決定我們每個人獨特個性的因素隱藏在我們的人生歷程及我們對於外在世界的反應之中。有些是我們知曉的並能加以控制，有些卻是我們感覺不到的，並在潛意識中對我們產生更大的影響。我們從這種複雜的方式中所獲得的情感和經驗，使得我們成為不同於他人的個體，並使得我們走向不同的人生之路。

到了十一歲，孩子們已完整建立對外界反應的獨特模式並使得他們不同於別人。更進一步的，十一歲孩子們已開始發現並意識到這一點：他們不僅已能思量自我，開始欣賞自己的獨特之處和特殊的才能，並且也能欣賞別人。這種審視自己方式的轉變差不多與

青春期前後生理上的巨大變化同時出現，而且常常伴隨著他們所受教育的品質而改變。一個十一歲的孩子看上去與其他孩子不太一樣並沒有什麼奇怪，舉個例子來說，在這個年齡即使是對轉學有同樣的反應，也可能是出自各種不同的心態。

比如瑪莉(Mary)，看上去要比她的年齡小一些，跟她的同齡人比起來她似乎顯得有點嬌弱和孩子氣。瑪莉是個大家庭裡的長女，對弟弟妹妹她總是要擔負起很多責任。瑪莉有個要好的朋友叫蕾妮(Rani)，她們同時為了要進入下一階段的新學校而憂慮著。然而蕾妮的情形不一樣。她是大家庭裡最幼小的一個，上面有一群哥哥姐姐。蕾妮是哥哥姐姐心目中的寵兒，他們都呵護她照料她，大家都像對待小寶貝一樣地守護著她，怪不得她不想長大。

很巧，這兩個女孩的母親也是朋友，她們常在一

起談論自己的女兒。當蕾妮的媽媽得悉瑪莉肩上的責任很重時，不禁暗暗感到有點吃驚；而瑪莉的母親心裡也覺得有些不滿，因為她認為蕾妮的母親未能培養起女兒的獨立精神。她倆都很關切孩子們對學校變化的憂慮。談起這事時，她們互相提醒對方注意，一方面，瑪莉需要一點幫助使她重拾童年歡笑，因為她已經有點忘記自己屬於無憂無慮的年齡；另一方面，蕾妮在家裡太受寵愛，這有可能影響她的成長。兩位家

長都試圖改變自己的做法，使瑪莉減去一些負擔，從而成為新學校裡的新成員。蕾妮則被鼓勵以升上新學校為踏上成長路途的一個臺階。

並不是所有的孩子對十一歲前後發生的許多變化都覺得容易。而且很多這個年齡的孩子都面臨轉學這項額外的壓力。有些人感到轉學是一件令人不愉快的事，它令人重新意識到初次上學時的一些問題。有些則巴不得換一個學校，這樣讓他們覺得自己在漸漸長大了。安琪拉(Angela)就是這樣一個孩子。

她的童年時代並不怎麼愉快，因為迫於環境，在很多地方她不得不自己照料自己。像有些孩子一樣，她覺得長大以後就會好得多。於是她想盡一切辦法來使自己快快長大。她很高興自己到了十一歲，要去一所大學校。這時候她母親並不為她擔心，只是覺得她在學校不太結交同齡孩子，而更願意混在年齡比她大的

孩子中間。儘管如此，當安琪拉進了中學，她發現自己仍是個小孩，而且根本不像她原來想像的那麼開心。她無法像瑪莉一樣去感受別人照顧她的溫馨，開始對學校越來越感到失望，因此安琪拉的十一歲過得並不快樂。

家庭和十一歲的孩子

並不是所有這個年齡的孩子都得換學校，不過他們都開始感覺到彼此相聚的需要，並且擺脫以前依賴家人的習性。事實上，他們需要明白自己是什麼樣的人，然後以自己的方式來塑造自己，從而去思考自己到底需要什麼，擅長於什麼。他們也需要認清自己的短處在哪裡，什麼需要繼續加強。他們感興趣的東西

是否也同樣引起家人的興趣？抑或除了他們之外別人並沒有興趣？這當中就時常會產生一些摩擦。

比如說史都華(Stewart)，長期以來他一直樂於和家人一起去賞鳥。全家人，包括他的妹妹，以前總是習慣於一起度週末，尤其是帶著望遠鏡在鄉村度假。後來史都華對於家人的外出郊遊，興趣日減，顯得老是心不在焉。他的父母能理解這一點並且盡可能在週末讓他自己做自己的事，但在假日這就成了一個問題。在

鄉村散步的時候，他堅持要帶著那個略嫌吵雜的「隨身聽」，這使他的家人感到不快。而對史都華來說，這音樂代表了他和朋友及不同活動之間的聯繫，現在這些對他很重要。

十一歲的孩子不僅開始培養自己的興趣，很多人也開始思考怎樣的行為才合適？這些行為可能和父母親的習慣大相逕庭，甚至令人不自在。然而這可以成為此階段的孩子釐清自己想法的重要手段，當然孩子這時候必須能友善的敞開心胸和父母溝通。大受驚嚇或是強烈否定孩子一切行為的父母，無助於培養孩子看待事物的公平態度。十一歲的孩子只是剛能將自己複雜的想法用話語表達，盡力使其和父母親的不同，藉由不斷的討論使想法逐漸成熟。

厭倦了與父母親一起到戶外賞鳥的史都華已經能夠清楚地把這一想法表達出來了，儘管有時仍不很完

美。他講到了自己對鳥的興趣，也講出了自己感到這種興趣已經「落伍了」，他對妹妹和父母親賞鳥的狂熱頗為反感。聽了他的話，父母親確實感到有點傷心，不過他們能理解孩子興趣的改變，並且幫助他從現在看來有點過時了的事物中找出仍有價值的地方來。史都華只是一個十一歲的孩子，度假時當然不可能把他一個人撇下，不過他與父母親之間的談話已能使他們找出某種妥協的辦法。不然的話，倔強的史都華也許會感到與家人度假一點也不開心，家裡其他成員也會覺得是史都華的不樂意使得自己的假日全泡湯了。

這樣的處理問題對許多家庭來說都是很重要的，因為十一歲的孩子確實還需要家長，儘管他們覺得已能獨自來料理自己了。父母也可能順著孩子的想法相信他們已長大，能夠安排自己，但他們（包括家長和孩子）馬上會發現事實並非如此。當這個年齡的孩子

應該學會如何來照料自己時，他們依然需要父母親的幫助；讓他們知道，當他們碰到困難的時候父母親就在身邊。他們需要父母親來幫助自己探索和瞭解發展中的技能和各種人際關係。他們需要父母親來交談，就像史都華與他爸爸媽媽一樣。他們需要父母親作為一個接納自己的基礎，再由此擴展到外面去，來明白有人關懷著自己，那怕在同時他們又想要強調自己的獨立性。

在這個年齡，他們漸漸開始情緒化地離家出走，會把越來越多的精力放在與自己同齡的夥伴中，但也很奇怪，孩子們也常常開始意識到自己的家庭。十一歲的孩子也許會很在意自己家庭的獨特之處（當他們在給予評判時）。他們也許會對父母親提出各式各樣具體的要求來，比如父母親在與他們的朋友相處時或是在學校的重大集會上應該如何表現。也許他們期望母

親顯得年輕聰慧，或者母親也不要顯得太年輕，不要使學校的老師留下深刻的印象。不管怎麼樣，這一切都表明了兒子或女兒正在試圖從對母親的依附中解脫出來。

隨著整體發展和將要進入青春期的階段，那些被領養的或由於某種原因未與自己的生身父母生活在一起的十一歲孩子，對於瞭解自己親生父母的興趣越來越濃厚。在這個年齡他們尚無法通過社會的幫助來尋找自己的親生父母，但是對養父母提出的一連串問題會變得更加咄咄逼人。在這個年齡的這些變化，實際上表現了孩子正試圖走向自主自立，認識自己的人生，而並不是想要離開養父母的身邊。養父母們若能看到這一點，甚至為此感到高興，這種態度是很可取的。

所有十一歲孩子的家庭也許都注意到了孩子對家人態度的變化，他們也許需要容忍孩子頭一次要飛離

家園的笨拙舉動。

性別發展

　　孩子對自己是男孩或女孩的認識，是他們情感認同的過程中很重要的關鍵。當孩子到了十一歲時，什麼才是一個女人或者男人的概念是特別重要的。在小

學階段，孩子們或多或少總是和自己同性的夥伴待在一起，在這一階段男孩和女孩基本上是分開的。他們各自發展了能被同性團體接受的行為準則。多年來孩子們在家裡觀察和研究父母親，從中認識了男人和女人應有的行為舉止，每一個孩子把這種認識從家裡帶到了團體中，而成為他們自己的行為準則。在單親家庭中，單親家長所傳達出的對於異性的看法，嚴重的影響了孩子發展對不在身邊的父或母的概念。與祖父母、叔伯、姑姨、老師和其他人相處的經歷當然也很重要，不過要是單親家長能在家裡為自己失去的配偶保持一個良好形象的話，那就會強化這一性別在孩子心目中的形象。面對著各自不同的情況，家長要做到這一點也許並不容易。不過，在心目中對男女關係保持良好印象的能力，對孩子發展良好的人際關係極為重要。儘管大部分十一歲的孩子並沒有明確地意識到

這一點，但他們自然地會把自己記憶中的這種信息組合在一起，並把它整理出一種看法，即長大以後，自己會成為哪一種女人或男人。每個孩子將此訊息帶到群體中，並進而產生作用，形成某種文化。

對家長來說，觀察一下自己對配偶的態度，將有益於瞭解這個態度對孩子的態度和行為所產生的影響。把自己看成是二等公民的母親，對自己十一歲的女兒在長大成人並成為一個女人和母親的人生歷程中，無法提供很多的鼓舞力量。如果她們只是一味地抱怨男性，恐怕對自己兒子或女兒的人生態度的養成也不會有良好的作用，聽到這類埋怨的兒子們似乎也不會熱衷參與家庭生活。大男人主義型的父親會使得兒子學習自己的行為。在短時期內兒子也許會從中得到某種滿足，但這無助於他們與女性長久地和睦相處，而且也無助於他們將來與女兒之間建立起一種良好的

關係。

　　沒有一位家長能和自己的配偶永遠維持一種完全令人滿意的關係，即使家庭一片諧和，大多數孩子仍舊能看出隱含在家庭生活中因雙親個性差異而有的些微分歧，但一般而言，在充滿了愛和尊敬的家庭中成長的孩子較能夠充滿信心地迎接青春期的到來。

第二章

期待著青春期

　　如前所述，十一歲的孩子之間彼此差異很大，尤其在生理發展方面最為顯著。事實上，很可能是身體的發育造成了他們其他方面的差異。對許多孩子來說，青春期的變化還要經過好幾年才會充分顯示出來。不過絕大部分已經能夠感覺到變化的來臨。的確，對女孩來說，十一歲是生長最快的時期：臀部漸漸變寬，胸脯更加隆起。男孩子的發育期似乎要來得晚一些，但是像陰囊逐漸增大等的第二性徵也在這個年齡開始出現。很多專家都認為女孩子青春期的變化要比男孩子早一年左右，因而，對十一歲的孩子來說一個最重要的差異便是女孩子感受到較多性的變化。

　　證據顯示，女孩子月經初潮的年齡正變得越來越早。一般認為這與孩子得到較好的營養和照顧有關。要確定男孩子何時進入青春期較為困難，但男孩的青春期也比以前提前的假定也是合理的。本世紀初女孩子

月經初潮的年齡平均在十四歲左右，現在的平均年齡已接近十二歲。因此，今天的十一歲的女孩和男孩已經接近了青春期的邊緣。

女孩的生理變化

大部分的女孩在十一歲不到便開始了胸部的發育。她們的身體開始變得豐潤渾圓，胸部開始發育，並長出了陰毛，臀部逐漸變寬，身高急劇增加。雖然極少有十一歲的女孩在身高上達到充分發育後的水平，但有些已開始趕上她們的母親了。

要習慣於這些生理上的變化對有些人來說並不是很容易的事。在有些情形中，這些變化是逐漸出現的，不過在另外一些情形中，當女孩子看到自己已長到與

母親差不多高時，這有可能在她們的感覺上產生深刻的影響。有些人會因此而感到惶恐不安，她們覺得自己還很小，還需要父母親的照顧，她們對父母還很崇敬。而另外一些身高已和她們母親差不多的女孩則將此變化看作是一個信號，覺得已可不必理會母親的話，她們忘記了還需經過一個成熟期才可進入更為廣闊的人生旅程。不過仍有一些人面對著自己日益增加的身高和生理上的變化確實會感到驚慌失措；她們的言行舉止也許會顯得比以前更孩子氣，做為心理補償。不管發生什麼，可以肯定的是，這些變化不會被毫無察覺的放過，十一歲的女孩會以某種方式對自己的生理變化作出反應。

男孩的生理變化

　　對大部分十一歲的男孩來說,生理變化較為有限。儘管如此,他們的肩膀開始變寬,陰囊也會增大。少數的男孩會一下子長高很多,有些開始接近其母親的身高,也有一兩個甚至快要趕上自己的父親了。從生

理上來講，十一歲男孩的感覺好像和以前沒有什麼區別。關於其長大成人的問題顯然不如女孩那麼緊迫。十一歲的男孩能從自己的體力增加中獲得某種快感，而不必努力去適應生理上的變化。

問題往往出自相反的原因。男孩們正逐漸長高，而那些身高本來就在平均數以下的人，對這一情形會變得更加敏感。

以年齡而論，金(Kim)個頭長得很小。他的童年坎坷，早年營養不良。儘管如此，他在小學裡表現出色，並且開始長胖。當他到了十一歲要去上中學時，他感到很難堪。他是學校裡個子最小的一個，那些高年級的男生和女生看來較他高大許多。甚至那些與他同齡的女孩也比他高大，而且看上去要老成得多。金聰明伶俐，討人喜歡，很快就成了眾人愛護逗樂的對象，尤其是在一大群與他同齡但已進入青春期的女同學中

間。他受到大家的喜愛，但不知道為什麼會這樣。女孩們就像母親一樣來照顧他，把他在她們之間傳來傳去就好像他是個嬰兒似的。他對此很感激，不過他也感到有點羞辱，金覺得十一歲的自己也應該受到別人的尊重，但是沒人尊重他。因為個子長得太小，所以他需要同學們的保護，但他希望這保護應該是用另外一種方式。他的老師感覺到了他比剛進校的時候，甚至比在小學的時候都更孩子氣，在小學時他反而變得自信及獨立。過了一陣子，女孩子對金逐漸厭煩了，他覺得有點傷心和孤單，並逐漸成了班上男同學欺侮的對象。他的輔導老師把這一切都看在眼裡，她並且注意到了他的孤獨和大個子男孩對他的欺凌。金擅長於美術和繪畫，她就鼓勵他往這方面發展。他畫的那些卡通以及老師和同學們維妙維肖的畫像——包括那些欺負他的同學傳神的表情——引得他們哈哈大笑，也

使班上的同學留下了深刻的印象。自信心的建立使金又可以積極的學習，並且和男、女同學都交上了朋友，他們再也不在意他的個子小。最後金的身高差不多趕上了其他人，不過這段經歷使他認識到：個子大小並不重要，重要的是應該認清自己。

青春期和十一歲的女孩

到了十一歲，一般的女孩子將開始長高，乳房開始發育。性發育的最明顯的特徵是月經初潮，其平均年齡在十二歲半。很多女孩在十一歲就會開始來月經。其週期一開始似乎並不規則，而且量不會馬上就很多。研究顯示，在青春期之始，女孩比男孩顯得更困擾不安。這並不令人驚訝。作為成熟的標誌，經血顯然要

比具有同等意義的男孩子的射精更令人惶恐。成熟早的女孩似乎要比成熟晚的女孩顯得更驚慌不安，因為後者看見過她們的朋友如何處理這件在成長期中具有分水嶺意義的大事。女孩的年紀越輕，她的應變能力和應變技巧就越弱，她跨過這座里程碑的經驗也越少。對這生理上突如其來的變化，年輕的女孩會怎樣想呢？

當然，詳細告知十一歲的女孩其身體上出現的變化的性質，是極為重要的。就在幾年以前父母親還羞於告訴自己的女兒這些包括月經在內的性知識。不少上了年紀的婦女會提及初潮時所帶來的心理創傷，彷彿自己正在忍受某種可怕的疾病。有些人為了不讓父母親知道而拼命地想將其掩蔽起來，因為她們覺得這是一種可恥的症狀而不願讓父母親擔憂。即使是今天仍有不少女孩子碰到這些生理變化時，依然很害怕，不願意接受自己的性成熟。

多琳(Doreen)是個十一歲的女孩，在她劫小的時候曾遭受過嚴重的性虐待。她現在被安置在一位善體人意的養母家中。這位養母積極地幫助她從早年的痛苦經歷中掙脫出來，並告訴她有關月經初潮的知識。但在多琳剛過十一歲時初潮就早早地來了。多琳是個很男孩子氣的女孩，當初潮來時她非常害怕。她覺得自己傷得很嚴重，她請求養母檢查以找出那個傷口。一開始她拒絕使用任何護理用品，堅信只要不把它當回事，它就會自動消失。

多琳是一個很不幸的十一歲孩子，童年的遭遇使得她很難接受事物的真相。她的養母已盡了一切努力來使她有所準備，但在面對此一成長大事時，她的恐懼和幻想占了上風，初潮似乎是另一個心理創傷。

並不是所有的女孩子都像多琳那樣為自己的性成熟而感到沮喪。對很多人來說這是一個訊息，表示她

們現在比以前更重要而且長大了。對十一歲的孩子而言這可能是一件喜憂交雜的事，因為她將依然保留許多小時候的興趣和特性。有些人試著以小大人及性感的方式表現自己的性成熟，她們有關成人的概念往往是比較造作的，主要來自小說和電視中所看到的，事實上卻是一種非常淺薄的看法。十一歲的孩子有這樣的想法並沒有什麼好驚訝的，但這可能導致她走入不幸的歧途，這樣的十一歲孩子也許需要父母來提醒她：你根本還沒有完全長大。

安吉(Andrea)就是一個這樣的女孩。她從來就不太喜歡當小孩子，她總是需要父母嚴格要求並且提醒她你還沒有完全懂事。當她的月經在十二歲初來臨時，她感到非常欣喜，並著迷於很高的高跟鞋和最新式的時裝。她對家庭作業有點不屑一顧，並且瞧不起班裡其他的女同學，這些人原先都是她的朋友。放學後她

待在學校裡，不再像她以前那樣回家喝午茶。她母親
為此變得憂心忡忡，尤其當她看到安吉跟著比她高幾
年級的一群十三、四歲的女孩一起出去時，就更焦慮
不安了。實際上安吉並沒有像她自己想像的那麼老練，
她和那些女孩的交情維持不了多長的時間。她無法與
她們長久相處，並且對她們想要嘗試的某些行為頗感
害怕，例如她剛吸了幾口菸就感到難受。她無法與這
些新朋友長久相處，不久便回到了與自己同齡的女孩
子中，她畢竟更瞭解她們。她們一個個趕上了她，並

且也來了初經，安吉也能體會並以漸進穩當的方式進入青春期。安吉的父母親設法使自己不過度焦慮，他們和藹地要求她做家庭作業，適時回家。不過他們也明白這對女兒來說是一段艱難的時期，也信任女兒的良知。

多琳和安吉是初經來得比較早的女孩，那麼大部分未來月經的十一歲女孩是怎麼樣呢？大部分會和以前一樣，她們知道早晚自己也會有月經來的。有些人也許頗為放心，有些人也許有點著急，急切地期盼趕上自己鄰桌的女孩而一直留心觀察著自己成熟的徵象。在這種時候，像琳達‧麥德拉斯(Lynda Madaras)所寫的《我的身體怎麼了？》(*What's happening to my body?*)這類書會很有幫助，它指出了性發育的幾個階段，青少年可以循此走過自己的青春之路。

男孩的性發育

　　從整體上來說，男孩在經歷性成熟方面要比女孩容易得多。這並沒有什麼奇怪，因為男孩在生理上所出現的變化比較小，而且從整體上來說，男孩經歷這些變化也比較晚。要估測出男孩性成熟的年齡比女孩更困難，女孩的初潮來臨畢竟要比男孩的夜間遺精明顯得多；陰囊、陰莖的增大及陰毛的出現等變化比正在成熟的女孩較為隱蔽，況且正值發育期的女孩身上所出現的變化人們可以親眼看到。然而，有些男孩可能對性很快地產生了興趣，大部分人都曾有過手淫的經驗，這種興趣會變得越來越強烈。

　　十一歲的男孩中很少有人會經歷明顯的荷爾蒙變化。真有明顯變化的男孩則會比其他同學長得高、強壯而且會比班上其他的男同學有一種優越感。這樣的男孩子會較常接近班裡的女同學，而且在他們的行為和興趣上可能會表現出更多成年人的色彩。因為身體開始長高長大，這樣的男孩也許會為自己在孩子中地位的提昇而感覺頗為自得；有些則可能因意識到了自己的成長而試圖掩蓋這一現象，比如說彎腰駝背來使自己看上去小一些。不過，一般而言，發育良好的男孩樂於見到自己的變化，並能將這一點轉化為社交上的優勢。

飲食和睡眠

　　即使是那些尚未發育的十一歲孩子，他們也會期

待著這即將來臨的人生成長期，因此在這個年紀飲食

和睡眠是非常重要的。你也許會發現自己十一歲的孩

子食慾很旺盛，早上也很貪睡。十一歲的孩子已不會

再像以前那樣大清早嘰嘰喳喳地把父母吵起來。很多十一歲的孩子早上往往起不來，晚上也不肯入睡。成長並不是件容易的事，十一歲的孩子在這時期需要父母幫助他們培養良好的習慣，這對他們以後的人生會大有神益的。

不僅僅是在飲食和睡眠上要幫助十一歲的孩子養成良好的習慣，到了十一歲，大部分孩子應該逐漸學會照料自己，自己洗頭髮、剪指甲，保持清潔，並按時刷牙。並不是所有十一歲的男孩都對清潔衛生感興趣，他們有時（或者並不只是有時）需要父母親提醒。不過在這年齡養成這些習慣是很重要的，家人的榜樣將有助於他們建立這些習慣。當孩子進入青春期以後再要他們這麼做就更困難了。十一歲的孩子還可以經常提醒他們，而一旦這些習慣養成以後就會永久地持續下去，即使到了桀傲不馴的青春期也一樣。

大部分十一歲的孩子食慾旺盛，他們並非總是選擇那些有益健康的食物，甜食、洋芋片、漢堡也許是他們最愛吃的餐食。不過很少人有嚴重的飲食問題，要有的話很可能是女孩子，而且可能是性成熟較早的女孩子。食慾不佳的男孩子之所以有這個問題可能由來已久，而且他們的父母親也很可能為這問題尋醫訪藥好多年了。厭食症在男孩子中並不多見。

確實有些青春期前後的女孩子開始節食減肥，因為她們覺得自己太胖了。倘若一個孩子停止正常進食的話，那麼厭食是一種嚴重的病症。引起這種營養不良情況的原因是多方面的，其中包括女孩自身及與家人的關係。她也許不願長成一個大人，而其家人也可能出於自己的某種因素而同意她這麼做，沒有努力幫助她成長。一旦她的厭食變成一種習慣後，孩子的胃口就很難再打開，而且這種情況會因其體質上的變化

而變得日趨嚴重。

幸運的是，這種情況在十一歲的孩子中非常罕見。父母親倒往往為相反的情況而擔憂，如他們的孩子將垃圾食物塞進肚子裡並且漸漸出現了肥胖的跡象，這時候有些父母親會考慮自己的女兒是否需要節食了。有些女孩可能確實飲食過量，不過家長們在採取行動限制孩子的飲食前，也許會想要弄明白為什麼會出現這種情況。

十一歲的若拉(Zora)有點發胖，雖然她的初經還沒有來。當若拉真的變得矮胖時，她母親開始擔心起來，她發現若拉不僅餐餐都有好胃口，而且身邊幾乎總是帶著一大包甜食或洋芋片，她口袋裡所有的錢都花在零食上。若拉的爸爸也看出了這些變化。她不再是以前那個苗條可愛的小女孩，而成了一個小胖子。若拉的爸爸目前失業，正開始接受培訓課程，媽媽找了

全天班的工作來支撐家計，哥哥放學後暫時在一家商店裡上班以補貼家用。然而，若拉的體重使得她母親不得不與她丈夫談一下，儘管這會加重他的憂慮。交談後他們發現若拉的體重是自這個學年初開始明顯增加的。一開始他們懷疑這是不是與學校裡的課程變化有關，因為很多應用性的功課換成了諸如數學、歷史和地理之類的課程，而且若拉近來似乎對學校的功課不太感興趣。然後媽媽意識到了若拉體重的增加也起始於她放學後回到了空蕩蕩的家的時候。若拉的哥哥在商店裡，她媽媽現在要到六點才下班，而她父親常常待在學院裡，學習一些額外的課程以便儘快改進自己的就業狀況。有時候若拉會去找她的朋友，但更多的時候她是回到家裡看電視，並且吃東西。

以前若拉回到家裡的時候——也可能帶一個同學來，往往會和媽媽聊聊，媽媽則會對她學校的各門功

課作一些輔導;或者她們會出去迎接下班回來的爸爸，有時若拉會和哥哥一起玩一會兒。現在父母親認識到在若拉的生活中也許有一個很大的空隙，以前是家裡的各種活動填補了這一空隙，而現在則由食物來填補了。她的父母親原來沒有注意到這些問題對若拉產生的影響，沒有注意到她是用什麼方式來自我安排，他們為自己的這個疏忽感到十分不安。若拉的爸爸決定為了女兒早點回家，媽媽也不再對女兒的飲食嘮叨不休，而是開始為每個人提供低熱量的餐食，並且設法抽出時間來輔導女兒的功課。於是，若拉過重的體重一點一點的減輕，並為重新得到家庭的甜蜜而感到欣慰。

　　對於若拉的肥胖，她的父母親既沒有責罵也沒有取笑。要是他們這樣做的話也許會將她引向一條拼命減肥的歧路。對她的功課嘮叨不已也許會使事情更糟。

然而他們沒有這麼做，他們思考了女兒發胖的原因，不僅是女兒，他們也檢討了自己。他們最後意識到女兒是以吃來彌補自己失去的東西——父母親的關懷和愛護。當若拉適應了學校裡的變化後，傍晚她就和爸爸一起忙碌，她媽媽下班回來後又可整理家務，全家恢復了原來的正常飲食。若拉改掉了飲食過度的毛病，並恢復正常的成長。

倘若家長們注意到了這一類的變化時，不妨去想一下出現這些變化的原因。通常對出現的問題或症狀直接提出解決之道，似乎比去思考為什麼會出現這樣的情況及是否還有其他的相關因素要容易一點，但是如果能夠以思考和微妙的技巧來處理這些問題，則可避免許多麻煩。十一歲的孩子需要他們的父母提供一個溫馨親切而又考慮周到的環境，這樣他們就可以去克服將要到來的青春期中會出現的一些障礙。

第三章

家裡的
十一歲孩子

有時候父母們會高估十一歲孩子的獨立程度，以為他們可以照料自己，而事實上他們還不行。曾有這種情況：母親為了掙錢，要到外地工作兩個星期，就讓十一歲的孩子照料自己，只委託一位年長的鄰居就近稍為注意一下。開始時一切都還好，那女孩每天自己去上學，穿戴梳理還算整潔乾淨，雖然有點慌亂，但看上去還不錯。然而，那位鄰居病倒後，她在學校裡慌了手腳，很多其他方面還必須別人為她安排好。並不是所有十一歲的孩子都能做得很好，但顯然，這個女孩在照料自己方面表現出了相當的能力，但還不可能完美無瑕。這一例子可充分說明十一歲孩子的實際情形。

十一歲的孩子看來已處於能照料自己的初步階段，但事實上他們仍然需要父母或其他長輩來作為精神上的倚靠。絕大部分十一歲的孩子還遠不如上述的

女孩子那樣能照料自己。

情況也有兩難的時候。一個十一歲的孩子也許會覺得自己生活上掌握了相當的自主能力，儘管還不能得心應手，他仍需要知道父母親依然在身旁看顧著。就像孩子開始能從父母或保姆手中離開自己玩的時候，他仍會回頭看看大人是否還在注視、關心自己的情形一樣。因此，成長中的十一歲孩子的確需要知道父母就在身邊，仍然關注著他或她。

大部分十一歲的孩子能夠快快樂樂地離開自己的父母親去度過一段假期，比如說與祖父母一起待幾天，或參加幾天學校生活，或去露營。當父母親或其他家人不在身邊的時候，他們記憶中的父母親形象就會變得非常慈祥可親和可依賴，支撐著他們度過這段離家生活。要是他們記掛著家裡的話，他們也一定希望家裡的人惦念著自己，談論著自己，期盼著自己早日回

家。正是這種將不在身邊的家人記掛在心中的能力，使得十一歲的孩子能夠離家度過一段時間並期望由此獲得一些新的人生經驗。這一能力不僅能使他們離家去度幾天假，同樣也能使他們去適應其他不熟悉的環境。

能夠適應離家生活的能力往往是在十一歲的時候充分培養起來的。但是否容易適應從某種程度上來說取決於孩子心理上具有什麼樣的記憶。另一點同樣也很重要，即孩子是否也覺得家裡人在記掛著自己，與

他或她現在生活在一起的大人是否關心自己。十一歲的孩子有時會感到家人已不把自己放在心上了，而事實上並不是這樣。

比如說，珊卓(Sandra)已習慣了與家人、爸爸和媽媽、哥哥一起生活。他們是一個關係密切的家庭，總的來說，都在一起活動。大部分時間她爸爸是在離家很近的地方上班，但有一次他被派到甲地去工作幾天，她媽媽曾在那裡住過，且有一位老朋友仍住在那裡，於是她媽媽決定跟她爸爸一起到那裡去。那時正逢學期中，而且珊卓已經十一歲了，於是爸爸媽媽決定不在家的那段日子裡，讓珊卓住到她熟識的朋友那裡，而她的哥哥也住到幾位朋友家裡去，那兒距珊卓要待的地方很近。想到自己將要單獨一人，珊卓心中非常不安。她不像在這一章開頭時述及的那個女孩那麼富有獨立精神，那麼成熟，她想要跟父母親一起去。她

的父母已為這次的分開作了最充分的準備，但他們走的時候珊卓還是感到非常悲傷並且哭了起來。她母親為此心神不寧，每天晚上打電話給她。這給了她不少安慰，但在上課的時候她很難專心一致。她希望自己能不去學校。和朋友待在家裡時，她盡力適應新的環境，過了幾天後，她與朋友的父母之間產生了一種信賴感，而且她平時就很喜歡他們的。然而，這次的做客仍是問題不斷。珊卓還是無法適應與家人分開的生活，希望和家人待在一起的願望使她無法享受到新經驗的樂趣。這段時間，珊卓的哥哥比她過得愉快得多，也許她長大後也會的。

十一歲的孩子正在長大，他們也許會覺得自己已經很大了，但在大部分文化背景中，他們仍然需要自己的父母親繼續擔負起做父母的責任來。

不過他們可能已不願像以前那樣聽從大人的話，

服從大人的管教。對於照管十一歲孩子的人來說，比較難把握的問題是如何既不要壓制他們正在萌生的獨立意識，而同時又提供給他們一個覺得有安全感的生活環境。

十一歲的孩子與母親

十一歲孩子逐漸成長的獨立意識會產生不少問題，尤其會在他們與母親之間的關係上產生摩擦。母親，或是處於母親這個角色的人，自從孩子需要有人照料的時候起，她們長期都在各個方面或多或少地照顧著自己的孩子，因此她們不易意識到自己的孩子已長得有多大了，這一點並不令人驚訝。當然，母親和孩子在人生的任何階段都會有些摩擦，但對很多十一

歲的孩子來說，這一問題尤為敏感，做母親的也會比家裡其他人更常感覺到這一點。而且，隨著青春期的臨近，性意識的覺醒開始使家庭中的一切關係變得錯綜複雜。覺醒的性意識和獨立意識交合在一起，會使這個年齡的孩子令母親們頭痛不安，因為孩子與自己疏遠了，他們想要自己安排自己的事情。

對於單身的家長而言，這問題也許更為棘手些，因為長期以來他或她一直與自己的孩子相依為命，而如今孩子卻要疏離自己了。

母親與兒子

不同性別的孩子情形會不一樣。就男孩子而言，他們正開始覺得自己很像個男子漢，也許會越來越渴

望表現自己。他們現在會更留意自己的爸爸，在離開媽媽時似乎不再帶有留戀的目光。他們開始常常和母親從前的主張唱反調，拒絕繼續做洗滌、刷牙和其他的家事，他們以前做這些事的時候總是顯得很開心，因為這是與母親之間親密和睦關係的一種表現。與母親之間的關係太密切會使這樣的男孩子覺得自己還沒有長大，並覺得在身體上面臨著一種威脅。他會在其他方面表現出過分的倔強。

父親和男性家長在解決上述母子的衝突中可以有很大的幫助。他們能樹立一個既獨立又溫柔體貼的榜樣，也在人生道路上給予指引而不是只讓母親獨自承擔；如此顯示出有一些事情男的和女的都可去做，並沒有性別上的差別。當然，所有年齡層的孩子都會密切地觀察父母親之間的關係，這樣的關係使孩子理解通常人際間的互相關係，尤其是為男女相處的關係提

供了一個極為重要的參考基礎。但是這一情形對十一歲孩子的影響最為重大，因為這一年齡的孩子正逐漸能實際地思考自己長大後應成為怎樣的一個人。

但是沒有配偶的單身母親如何來使兒子瞭解他和其他人的關係？單身母親在明白自己在照顧兒子這麼多年後，他總會遠離自己的狀況下，她也許得找到一個與兒子延續母子關係的方法。作為一個母親，望著養育多年的兒子獨自離去，在心理上要適應這一點並不容易，但出於其他的種種理由，她也非常期望兒子能獨自照料他自己。當然，父母親在孩子的一生中總得要逐漸經歷這些階段——孩子蹣跚地從自己的身邊走開，然後離家上學去。但是對一個有十一歲孩子的母親來說，要作出這樣的選擇可能會更加棘手。

湯尼(Tony)和母親、妹妹生活在一起。他在中學裡有一群朋友，這點他母親並不很清楚，因為學校離

家很遠。有時候這群朋友一起到其中某個人的家中去玩，母親很樂意讓湯尼去，只要他告訴她在哪裡，什麼時候回家。然而有一天，他回到家希望母親允許他與朋友們一起去觀看地區聯盟的足球賽。她一下子完

全沒了主意，一方面她覺得兒子已經長大了，已能自己擔負起責任來，另一方面她又擔心那些觀眾比較魯莽，容易衝動，不知他們能否管好自己。她真希望湯尼的父親能帶他去，教給他一些足球常識。至少一開

始她希望這樣來回答他，可惜他的父親出國了。她自己無法去，而且她知道她的在場會令兒子感到非常難堪。她不知道該怎麼辦。這時她想起自己住在附近鎮上的弟弟可以幫她的忙。她弟弟之前就表示想到姐姐家裡來拜訪，於是她請他盡快來一下，並詢問他，可否與湯尼一起去看足球。她弟弟還能管住這群小球迷，並也足以使她放心，相信這群孩子去之後不會有事的。

經過仔細考慮，和一些幸運，湯尼的母親做到了既沒有傷害正處於成長期兒子的情感，同時也控制住了自己很自然會產生的擔憂。

母親與女兒

儘管事實表明，這一年齡的大部分女孩子比大部

分男孩子更早地進入成熟期，但她們與母親之間的關係會比母與子的關係較少問題。再大一點，母親與女兒間的關係會變得比較緊張，而且在某些情形中一直處於敵對狀態，但是女孩子仍需要母親來指導她們這一時期的人生。十一歲的女孩子也許已能顯示出自己的獨立能力（比如這一章開頭述及的那個女孩），但她們也知道自己還有很多東西要學。十一歲的女孩也許希望自己與母親的關係更像姐妹，她們會發現自己與母親像朋友一樣一起去購物或聊天。

有些母親對這種母女間的關係變化會感到很高興。也許在她們自己處於這一年齡時也很想與自己的母親發展成這樣一種關係，但從未能做到這一點。與女兒在一起，她們彷彿又體驗到了進入人生開端的感覺。然而，要協調好這兩個角色並非一件易事，即一方面她是女兒的朋友，而同時她依然得是一個家長，她

要具有更長遠的人生眼光，並具有必要時說「不」的能力。十一歲的孩子有時依然需要聽從管教，需要家長來作主，這意味著壓抑孩子某些的情感、願望和渴求。母親倘若與十一歲的女兒過於平等的話，就會喪失自己的權威和相應的態度，這樣就無法給予孩子所需的大人的看法和支持。倘若十一歲的孩子覺得自己已是大人了，一切都可由自己來作主，那麼這種感覺是有害的。如果她們變得自以為是的話，就很難再管教。因此母親要是與女兒顯得太平等的話，她會為此付出代價，當自己十一歲的孩子顯示出根本就不諳世事而需要改過的時候，母女倆就會因此而發生爭吵、頂撞。

葛洛莉亞(Gloria)在很小的時候她父親就離開了，她和母親生活在一起，兩人的關係宛如姐妹，非常親密。要是母親和別人交往的話，葛洛莉亞就會滿心怨

恨。如今葛洛莉亞開始長大了，她母親感到如釋重負，她們開始有了一些共同的愛好。人們都說她們就像一對姐妹，兩人聽了都感到很高興。葛洛莉亞覺得自己長大了，自己的地位變得重要起來。葛洛莉亞的母親覺得自己一定還顯得很年輕，充滿了魅力和活力。葛洛莉亞開始要和她母親一樣，到很晚才上床。她問道，我為什麼要在媽媽之前就寢？葛洛莉亞的母親被這樣的爭執弄得有點拿不定主意，她希望母女之間保持一種和睦的關係，便屈從了葛洛莉亞的要求。葛洛莉亞就寢的時間越來越晚，而且早上不願起來。她開始上學遲到，變得心浮氣躁，無精打采。她母親對葛洛莉亞也變得動輒發火，但好像又拿不出辦法來使葛洛莉亞回復到一種與家庭和學校更加和諧的生活狀態。當然動輒發火毫無效用，只是招來了女兒更加激烈的反抗。

葛洛莉亞在學校的功課也大受影響，情形已變得相當嚴重。葛洛莉亞的媽媽已經不能再忍受下去了，她無法再保持姐姐式的態度，她漸漸感覺到自己已不想再和葛洛莉亞一起出門，她自己應該更像一個家長。但是要做到這些，讓葛洛莉亞聽從自己的話，不是一件輕而易舉的事。還好，葛洛莉亞在學校裡的退步引起了校方的重視，因為不久葛洛莉亞的導師和年級主任打電話約見她母親。經過商議她們雙方為葛洛莉亞安排出一套嚴格的管教措施。在學校方面，葛洛莉亞在每天早上上課之前要向導師報告功課完成的情況。在家裡，她母親得到了學校的支持以後，就有充分的理由要求她早睡早起。經過了一段相當的時間，在各方面都採取了頗為嚴格的措施，葛洛莉亞終於回復到了普通十一歲孩子的生活狀態。

想與女兒保持一種友好關係的願望差一點使得葛

洛莉亞的母親失去對女兒的管教。要使葛洛莉亞回復到她正確的位置，或者更準確地說，是她這一年齡應處的狀態，需要花費一些努力和學校的配合。不過這些努力是相當值得的。現在雙方都能去追求適合自己年齡的生活方式，而且彼此能理智地和睦相處。

父親與兒子

當男孩子進入了十一歲並開始接近發育期時，父親和兒子也許都會感覺到彼此的關係要比以前來得親密些。我們在湯尼的事例中已經看到，對許多男孩子來說，在有些場合，由父親看管要比母親容易得多。做父親的應該充分利用這段寶貴的時間，因為一旦當兒子真的進入青春期後，他們差不多總要失去自己的影

響力。在這段時間裡，教育兒子不要以男性結盟的方式去與母親和姐妹作對，同時要使他認識到男女之間的差異及各自的長處，這很重要。這樣，當他們進入青春期以後，他們對異性就會有一種積極的態度。這一教育方法對男女兩性都適用。母女結盟和姐妹結盟來反對父親和兄弟，同樣會毀壞他們之間長期以來的

關係。在此一時期，父親和兒子能夠共同來做些事情，享有共同的興趣愛好。在男孩還未向整個家庭宣告獨立前，父親能幫助兒子從生活中獲得樂趣。很多父親

和兒子長時期來一直感受到這種和樂融融的父子之情，但當兒子長到十一歲時，他能參與得更多，而對爸爸的依賴會變得少一點。聰明的父親會意識到這一點，並設法來培養孩子正在發展中的技能和對事物新穎獨到的看法，這一切都要使孩子感到是與父親在一起時產生的。倘若父親與兒子以前沒有過這樣的關係，也許這時候是來重新嘗試一下的好時機。

當然，許多父親的情形也許沒有這麼幸運，他們不是因為被一大堆事務纏身而沒有足夠的時間與兒子在一起，便是沒有與家人生活在一起。這一年齡的男孩對父親的不在是非常敏感的，因為他們正在逐漸擺脫與母親之間孩童時代的關係，他們還需要另外一個人。他們對經常不在家的父親會比以前更加感到不快和更難相處。幸運的話，到了適當的時候，這樣的男孩倒有可能和父母親都建立起一種更加融洽的關係，他

們懷抱著一種希望，使得父親空出有限的時間與兒子在一起，來度過這個困難的人生階段。

父親與女兒

如所有父母親與孩子的其他關係一樣，父親與這一年齡的女兒相處得如何，取決於他們之間以前的關係怎麼樣。十一歲女孩與她爸爸的關係也會受到即將進入青春期這因素的影響。有些十一歲的女孩在父親面前會和以前一樣，依然是個可愛的小女兒。而另一些更直接地感受到自己性發展的女孩對與父親相處中的新模式會更加敏感。對女孩子們來說，從一開始，父親就是她們認識男人的模範。當女孩長成一個女人時，她期望父親是對她的性成熟作出反應的第一個男人。大

部分的父親相信自己對正在成長的女兒能作出合適的反應，對她們的成長表示讚賞和鼓勵，同時依然保持著父親的地位。有少數人也許會不適當地顯出驚慌失措，疏遠自己正處於發育期的女兒，或者變得愈來愈敏感。還有一些人對女兒青春期的行為會表現出責難的態度。在一段時期裡這種責難也許相安無事，但還是應該記住，各個時期是會變化的，過分的責難會引起反抗（這種反抗通常是對應產生的），或有可能抑制那個女孩獨立完成事情的意願。任何一種過度的反應都會使女兒的成長變得複雜起來，而且會在整個家庭中引起一連串的麻煩，這有時候會妨礙孩子的成長。其實，與漸趨成熟的女兒感到難以融洽相處的父親不必為此過於憂慮，因為這是一個很普遍的情形，然而仍需要檢視和思忖一下自己對此表現出的令人不安的反應。

　　瑪芮 (Marie) 的母親在她過十一歲生日的前幾年就去世了，留下了她和父親兩個人。父女倆共同分擔著這份哀痛，相依為命，共同努力維持著這小家庭。瑪芮的爸爸是個教師，因此差不多在瑪芮放學後就能回到家裡，晚上父女倆總是待在一起，瑪芮做家庭作業，而父親則批改學生作業。到了假日，父女倆就去海邊的小屋度假，有時他們自己去，有時也和有小屋的朋友結伴。他們一直過著瑪芮的母親活著時的生活方式。這樣的生活一直持續到瑪芮開始發育的時候。她在十一歲那年來了月經。她是個很漂亮的女孩，而漸趨成熟的身材也預示著她將會變得很有魅力。她的父親也很驚訝的注意到了她體形上的變化。她開始留意到自己對年長的男孩子所產生的反應，並且注意到父親對自己的反應也與那些男孩有些相像。她既感到得意又感到驚慌，不知道自己該怎麼辦。她還能夠像以前一

樣做一個依戀於父親的女兒嗎？這些日子彼此的身分似乎都發生了變化。沒有異性關係的父親同樣也感到騷動不安，他們之間的關係變得焦慮和緊張。

長長的暑假臨近了。他們第一次感到去海邊小屋

已沒有了愉快的感覺，雖然他們也無法傾訴彼此心頭的焦慮和痛苦。在有點絕望的情緒之中，父親打電話給隔壁度假小屋那家的母親。問今年暑假他們也會去那兒嗎？幸好他們會去。瑪芮的父親感到了一點欣喜

和輕鬆。瑪芮的感覺也跟著變輕鬆多了。在暑假期間，瑪芮跑出去和朋友們待在一起，而她的父親則逐漸向鄰居們訴說自己對女兒那種親近感的焦慮。鄰居們告訴他，這種情感是很正常的，沒什麼值得大驚小怪。同時他們又幫助他正視除開女兒的需求之外他自己的生活中所需要的是什麼，而對女兒，則讓她在自己的朋友中尋找到自己的需要。與可靠的朋友作推心置腹的交談無論對父母親還是孩子都是很有裨益的。瑪芮的爸爸漸漸從思念亡妻的哀傷中擺脫了出來，開始能仔細思考自己的感覺，並以正確的眼光來面對，他能運用自己的感覺以及和朋友的討論來檢討自己的生活，而使他們父女的關係又走上了正軌。

父親既要向自己的孩子表現出什麼是一個男人，也要帶領孩子與家庭之外的不同領域的世界接觸。母親有時較注重家務的責任，而父親就能提供不同的、獨

特的看法。關心女兒作業的父親會由此發現維繫與女兒關係並珍視她們的另一條有效的途徑。對女兒性發育較為敏感的父親而言,在作業這些方面表現出對女兒的關心可以取得一種很有效的平衡。在這一階段父親若能與女兒建立起平衡的、協調的關係,那麼對今後的父女關係將會大有貢獻。

父母親失和

要是父母親的關係不和,十一歲的孩子會有什麼樣的反應呢?當然十一歲的孩子會和其他所有年齡的孩子一樣感到惶恐不安和心緒煩亂,但是到了十一歲,他們就像大人一樣,對這種緊張的關係和沈悶的氣氛非常敏感。當父母親心煩意亂的時候,孩子們也會跟

著沮喪不安，父母親也許不想讓孩子受自己不愉快情緒的影響，但這很難做到，而且隨著孩子的長大，這種可能性就變得越來越小。倘若沒人告訴孩子發生了什麼事，那麼他們會以自己觀察到的來自己解釋、臆測。這些加上了想像的理解往往比實際發生的情形更可怕、更受到曲解。如果平靜地告訴他們實際的情形，那麼往往會減輕他們的不安。對十一歲的孩子來說尤其是如此，他們對於生活的理解力及思考和談論這件事的能力，意味著父母親已能用以前不可能有效的方式來向孩子講述，並指望他（她）能理解。這並不意味著孩子不會有痛苦，但這痛苦可以比年幼的孩子時大為減少。告訴孩子真相，需要有冷靜的態度和耐心來面對孩子可能的反應。為幫助所有家庭成員度過這段痛苦時期，這樣做是很值得的。

繼父母

與他們十一歲的非親生孩子關係已很穩固的繼父母，會發現這一階段彼此間的關係有些小小的異樣。與繼父母之間的關係常常顯得更緊張，尤其是在負面的反應上。與生身母親相比，非親生的孩子對繼母往往會過度反應，並顯出更強烈的獨立意識。假如彼此間關係融洽，又沒有隔閡，則繼父母與這一階段的非親生孩子相處，也往往會相安無事，一如往常。

倘若一個十一歲孩子的單身家長想要再婚或尋求一位新的配偶，坦率和討論的普遍原則遠比孩子的年齡更為重要。

十一歲的孩子對眼前事態變化的觀察能力和談論能力要比小時候強得多。任何秘密或隱密的事情，現在看來反而更易招惹是非。如果一位單身家長正在考慮改變一下自己單身的處境，卻未將這想法告訴孩子，那麼麻煩的接踵而來也就不足為奇了。十一歲的孩子對被冷落在一邊將會比以前更為敏感，並對未把自己當作一個大人來看待而耿耿於懷。有時他們對眼前發

生的事並沒有完全弄明白，有時他們禁不住很想知道

父母親近來到底發生了什麼事情，而這件事大人又沒有告訴他們，這時他們就會滿心不悅地發作出來。在十一歲，這樣的困難會因這一年齡的孩子正在經歷的生理成熟與智力發展受到屈辱而更加嚴重。

要是十一歲的孩子明白正在發生什麼事，而且每一方都有足夠的時間互相溝通瞭解，那麼孩子們就會設法妥善地整理自己複雜的情感（處於父母地位上的人此時恐怕沒有充分地體會到這種情感）。在這種情況下，這一年齡的孩子在適應這樣的變化方面不會比其他年齡層的孩子來得更困難，實際上也許比有些年齡更易適應。

兄弟姐妹

　　如果與兄弟姐妹之間的關係發生變化的話，這很可能發生在同胞手足之間，也和處在十一歲這一年齡有關。比如說，一個十一歲的孩子有一個其甚為仰慕且正處於青春期的哥哥或者姐姐，那麼他（她）受到兄姐的影響就會比弟妹要大得多。在這樣的情形下，十一歲孩子的行為會表現出兩種傾向，一種是比以前更靠近青少年，顯得像個小大人，或者就是偏向另一個極端，在行為舉止上倒退到更小的年齡層，來顯現出與兄姐的不同之處。有時候，有些已意識到青春期重要性的十一歲的孩子，會疏離原先關係親密的弟妹，以

此來表示自己已是個青少年，不過，在前文中已多次述及，十一歲的孩子彼此間差異很大，因此相反的情形也可能會發生。

　　總之，這一年齡的孩子越來越清楚自己在這個世界上──也包括在家庭中──的位置。蕾妮和瑪莉，這兩個在第一章中述及的害怕去學校的小朋友，便是反映了這一情形。

　　比利(Billy)到了十一歲時在學校裡的功課成績一下子跌落了許多。這頗令人擔憂，因為他不久將要換學校，新學校想要瞭解他原先的各科成績怎麼樣，以便據此來把他編入能力相近的孩子中。他大部分的功課原先都不錯，但是最近發生了變化。經仔細瞭解以後得知問題起源於他的弟弟，他弟弟將被安排到一個特殊的部門學習，進行特殊教育。比利對這件事非常清楚，出於種種理由，至少有一部分與他的轉學有關，

他對自己的能力喪失了自信心。後來學校方面與家長進行了聯繫，瞭解到比利為他弟弟的事心裡極為苦惱，於是雙方都來幫助比利，使他認識到他的情形不一樣，要他不要對自己的前途自暴自棄。過了一段時期後，比利終於趕了上來，開始正確地對待自己。這樣的幫助對他很重要，這樣的幫助使他認識到自暴自棄對他的弟弟毫無神益，而充實提昇自己則使他有了更多的機會來幫助弟弟。

祖父母

祖父母有可能對十一歲的孩子的成長很有幫助，也有可能毫無助益。這完全取決於他們能否跟上時代的步伐並且是否瞭解自己的孫兒（女）的成長情況，或

他們是否仍像以前一樣地關心他們。當然，對於年老的人來說，更大的問題是他們能否適應各種新的變化。不過，倘若祖父母對十一歲的孫兒（女）新出現的各種能力能採取一種理解和寬容的態度，那麼他們就能為孩子們在踏入青春期的旅程中提供一個舒適的中途預備站。比如說，祖父母可以留他們在身邊住一陣子，為他們提供一個與自己的家相近的環境，放開手腳讓他們按自己的意願生活，至少最瞭解他們底細的人不在這裡。祖父母很快就能適應孩子們的成長變化，在孩子的心目中他們是比較熟識親近的人，孩子們可以對他們敞開心扉，訴說自己心頭的感覺，提出一些對這個世界的疑問。孩子們可以向祖父母傾訴一些自己內心的想法和奇怪的念頭，祖父母不必像父母一輩那麼令人生畏，對孩子們來說，父母親不僅是家長，他們還像老師，警察，店鋪老闆和運動員。

在這一階段或任何其他階段裡，祖父母所起的另外一個主要作用是，關心整個家庭。這是一個至關重要的角色，有了這樣的祖父母的存在，那麼全家人就會懂得，他們所做的一切，祖母和祖父都會感到興趣，都會放在心上。能夠做到這一點的祖父母，以及能夠對孩子和孫子、孫女時時表現出關懷的祖父母，將會對大家產生一個重要的作用，而且他們會發現適應一個十一歲的孩子只是他們工作的一部分。

在與所有的家庭成員包括祖父母，兄弟姐妹，母親和父親的關係中，十一歲的孩子需要一種穩固的安全感，因為在家庭之外的學校生活中，他們即將面臨一場重大的變化。

第四章

學校裡的
十一歲孩子

在十一歲前後，孩子思考事物的方法漸漸發生變化。孩子在八歲和九歲的時候，他們的思維比較偏於實踐性，他們要瞭解和弄明白某件東西，往往要自己來擺弄嘗試一下；然而到了十一歲左右，他們開始動腦筋，用一種比較富於邏輯性的思考方式來弄明白事物的原理。十一歲的孩子依據記憶中儲存的知識來展開說理論辯，這種能力在青春期時將會繼續增長，並持續終生。

這種用比較抽象的方式來思考的能力並不是在十一歲時突然出現的。有些孩子在更小的時候就已經具有了相當的能力，而有些則較晚開竅。不過，大部分的孩子到了十一歲時就有不錯的能力，也因而產生了幾個主要的變化。也許，它在你十一歲的孩子身上產生了更為強烈的、引人注目的獨立意識，而且表現在與家人的關係上。他們具有了不斷增長的獨立意識。這

就是為什麼現在比以前較有可能與他們說明家裡的難處和商量一些計劃。這就是為什麼他們能參與更多大人的一些興趣愛好。這就是為什麼他們的閱讀興趣已從情節單一的故事轉向探討人際關係及各種處境的複雜書籍。十一歲的孩子已能開始思考有關思維的問題。

學校裡的變化

這些變化沒有比在學校裡更明顯了。以往小孩從七歲、八歲到九歲就被教導要背誦和學習各種表格、閱讀、寫作和算術。不過後來人們發現這些孩子也許能背誦出這些書本上所有的知識，但他們並未完全理解。於是人們發展新的教學方法，透過這些方法，孩子們在實際練習與動手實做中來掌握這些原理，這樣孩子

們學到的就不僅是些現存的知識，而且懂得如何來實際應用。

在早期教育是偏重於實踐還是偏重於理論方面，各個教師和學校之間存在著很大的差異，不過幾乎所有的學校都為八歲與九歲孩子提供個別操作的教材。到了學生十一歲的時候，實踐性的科目將會減少，而知識性的科目會增多，諸如歷史、地理、科學和語言。這些科目需要孩子去思考，去想像，去推理，而不怎麼

需要動手操作。可見，教育學家們認識十一歲及更年長的孩子在心智運用上的成長變化。

並不是所有孩子的發展速度都一樣。對有些孩子來說，學校裡的這些變化會使他們感到相當的驚駭。而對另外一些孩子來說，對這些變化則已有準備，無論在功課的品質上，還是在自己閒暇時間的運用上，他們都會找到適合自己的方式。不過，大部分十一歲左右的孩子多少都能比較認真地學習課業，並能適應教學體系上的這些變化，而這一教學體系則是專為這一年齡層的孩子所設計制定的。

因此，孩子到了十一歲時掌握閱讀、寫作、算術的基本技能是很重要的。由於生病或其他的缺課原因，孩子很容易錯失這些必要的技能。基礎技能的建立是一環連一環的。舉例說，如果一個人不會做加法就不會做複雜一點的乘法，不能掌握減法的話就不會做除

法。倘若孩子們對所學的內容經常感到複雜難懂，就會使得他們畏縮不前。從十一歲開始，孩子們在學習的過程中將運用越來越多自己的基礎技能。熟練地掌握這些基礎技能是很重要的。

史蒂芬 (Steven) 的爸爸在部隊服役，常隨軍移動。因此，史蒂芬也換了好幾所學校。史蒂芬十一歲時，他爸爸離開了部隊，於是全家人在一個地方安頓了下來。史蒂芬的妹妹很容易地就適應了新的學校，而且得知自己將長期地留在這裡時感到很高興。史蒂芬卻並不那麼高興。和以前一樣，他很快就交上了朋友，但他心神非常不定，上課無法專心一致，厭惡功課。他交的朋友也總是些不喜歡功課的男孩。史蒂芬的父母對他的新學校很擔憂。學校所安排的功課和他以前所習慣的很不一樣。在原先的學校上課的形式是開放式的，孩子們按照自己的程度分成若干個小組，史蒂芬在遇

到不會做的功課時，已習慣了請教別的小朋友。但新學校的做法不一樣，不同的課在不同的教室裡上。有些課，比如像科學常識課，實踐性依然還是很強，而另一些課，像歷史和英文，則必須安靜地坐著聽老師講課，還要做大量的閱讀和作文。史蒂芬不喜歡新學校裡的功課，這使他的媽媽和爸爸及老師都頗為憂心。考慮到史蒂芬在諸方面能力的高低不同，他的老師想弄清楚史蒂芬的基礎技能是否已達到了這一年齡應該達到的程度，以符合史蒂芬活潑開朗的形象。他的數學沒有問題，他的寫作也相當工整，但指定他閱讀的時候，他顯得非常吃力。他的老師頗為擔心他尚未具備了充分的閱讀能力；他的父母對此也頗為震驚，他們補充說，從來沒有看見史蒂芬在家裡捧過書本。教育心理學家對此作了一項簡單的測驗，測驗顯示，事實上史蒂芬在閱讀能力方面低於他的年齡程度。心理

學家提出了一些幫助的建議，並向其父母指明了在家裡能為史蒂芬提供的幫助。過了一段時間，史蒂芬補上了他在屢次轉學的變動中所未能掌握的技能。一旦史蒂芬的閱讀能力趕上了其他同學之後，他就漸漸覺得學校裡的新科目也挺有趣，並且心安神定了。

　　史蒂芬算是幸運的，在學校裡並沒有花費很大的功夫便使他的各種技能提高到了能夠運用的程度。另外一些人則沒有那麼幸運，他們的問題將在後面詳細討論。有很多孩子到了十一歲左右時發現在書面作業方面出現了不少難以適應的變化。做父母的應該體諒出現在孩子身上的這些無法避免的焦慮，並給予同情的支持。

轉學

　　因父親工作的變動，史蒂芬在十一歲時轉換了學校。然而在有些地方，或許為因應孩子們在思維方式上所出現的變化，通常轉學對孩子們來說，是指從小學升入中學。十一歲是一個比較適宜於轉學的年齡。孩子已經逐漸長大，對周圍環境的依賴性比以前減少，上文已經論及，到了這時候，他們已可接受與以前較不相同的教學形式了。在史蒂芬的父母親認為全家人還要不斷地再搬遷的時候，他們甚至考慮過把史蒂芬送到寄宿學校。他們認為史蒂芬在一處有大人照料的孩子團體中能料理好自己。他們的想法或許是對的。對

孩子來說，十一歲也許並不是去寄宿學校的普遍年齡，不過若有必要的話，到了這一年齡確實已有一些孩子能夠做到與父母親的暫時分離。史蒂芬的父母與他談到上寄宿學校的可能性，他對這一未來的寄宿生活顯得十分興奮，他相信自己能與其他孩子相處得很好。許多孩子也許沒有這樣的自信心，這麼早就與家人分離可能會使他們受不了。最後的情況是史蒂芬並不需要上寄宿學校。

總之，轉往寄宿學校不像轉往新的中學那麼普遍。升入中學儘管是當地所有的同齡孩子都會遇到的一個階段，但它仍然是孩子成長過程中的一個主要的大變動。在原先的學校裡是最年長的、年級最高的，一下子變成了最年幼的，最稚嫩的了。高年級同學的個頭要比他們高得多。不僅像金（在前文中提及的矮個子孩子）這樣的孩子感到有點害怕，而且大部分孩子都

會有一種沮喪感，通常在規模比較大的學校，學生人數比較多的情形下，在個頭比較高的高年級學生面前，他們會有一種被壓在下面的感覺。要是將高中三年級的學生錯當成教員的話，誰還能不感到窘迫呢？

而且，許多孩子以前都是在一個教室裡上課的，還常常將作業展示在教室的牆上，他們已經將這個教室視為自己的天地。而大部分中學每一門課都安排在不同的教室，學生們得按著課程表從一個教室到另一

個教室。他們還得隨身帶上一些所需的書本。這都會使他們感到很不適應。這時候孩子們若顯得情緒急躁也是很自然的事。

當然，學校方面會用各種方法來使這一過渡期變得容易些。有些安排了高年級的同學來幫助低年級的同學以習慣這裡的新環境。通常一年級學生的第一個學期會比其他學生早一、二天開始，以使他們全面熟悉一下整個學校的環境，而不致於一開始就在滿是學生人潮的校園中東找西尋。

在第一個學期開始之前確實有很多事情可以做——慎重的選擇新學校。孩子到新學校的次數越多，對新學校越瞭解，那麼他們的自信心就會越充分。要是哥哥和姐姐已在那所學校的話會使他們心安不少。很多孩子也會有朋友一起轉入新學校。

選擇學校是一項不可馬虎的工作。家長們必須既

要考慮到它的路程遠近，又必須考慮到它的聲譽。原來學校裡畢業的朋友還會跟自己的兒子或女兒轉到新學校嗎？這些朋友會不會有幫助？是否該把這個孩子送到哥哥和姐姐唸過的同一個學校？哥哥和姐姐對這個十一歲的孩子會有幫助嗎？哥哥姐姐在這所學校裡所留下的聲譽會不會使他（她）感到難以企及或難以化解？在斟酌應該送孩子去哪所學校時，諸如以上的這些因素都是需要仔細加以考慮的。許多學校向將要入學的學生及他們的家長提供參觀學校的機會，讓他們瞭解學校的情況。家長們不僅需要考慮學校的教育水準是否適合自己的孩子，還需考慮學校方面為學生的特殊需求所採取的措施，包括為新學生所作的安排。

　　大部分的孩子或許希望和老同學（好朋友）上同一所學校。由於孩子對新學校必須有所調適且這些變化並不輕鬆，最理想的學習環境就是學生對學校感到

自在如意,則他們會以較積極的態度迎接所有的變化。

功課、考試和成績單

在第一章中我們曾經談到，孩子們在對待學校變化的態度上差異很大。安琪拉（出現在第一章中）原先一直期望升入到大的學校裡去，當她到了那兒後，她

又感到害怕和失望，而瑪莉一開始並不願意離開自己所熟悉的學校，到了中學後發現自己又能做一個小女孩，實在感到很高興。除了新的功課在內容上與以前不相同之外，需要孩子們獨立完成的功課在量上也有了相當的增加，尤其是要求他們做家庭作業。每個晚上要做多少，且是否在十一歲之前就已要求他們這麼做，會因學校的不同而有很大的差別。家長們也許不知道該如何處理這些新的或在量上增加了的家庭作業，弄清以下的情況很重要。孩子每晚該做多少？學校對當天的作業有什麼規定？有沒有空閒時間做這些作業抑或孩子必須在家將作業全做完？瞭解了這些情況後，家長就能知道在家中該花多少時間督導孩子們做家庭作業了。

　　家庭作業的目的是為提高孩子獨立做作業的能力，因此做家長的只需對家庭作業在一旁留神一下就

可以了。不過對有些孩子來說，剛開始需要家長幫忙協助他們組織安排，如此有助於孩子明白如何約束自己。不大關心孩子如何做作業的家長，會發現自己的孩子對做作業也不大有興趣。

有些孩子一放學後就會立即回家坐下來做功課，快速地做完，這樣剩下來的時間就可以做他們自己想做的事。家長們可能覺得他們做作業時只是一味地往前趕，只想早早做完，一點也不仔細。有些孩子放學後顯得有點疲憊，他們先要喝點茶，看一會兒電視，放鬆一下，恢復了精神後再坐下來做功課。家長也許會擔心這樣的孩子可能就會一直把功課放在一邊，作業會永遠也做不完。對這兩種情形的擔憂也許完全是有道理的，不過學校既然已經向學生要求了家庭作業，家長最好還是把這事交由學校去處理，由學校來判斷孩子的作業是否做得好。倘若過了一學期或一段時期後，

學校方面反映孩子的作業做得不理想，那麼該輪到你來管教了。學校和家庭的雙方配合總是比較有效的。家長過分地干預孩子的家庭作業往往會導致孩子在進入青春期後對學校和家庭作業產生抵制和反感。如果你能對孩子的作業保持適度的關心，不橫加干涉，那麼這對十一歲的孩子養成良好的做作業習慣很可能是更有裨益的。

這樣的態度對孩子的作業本身也是很有益的。有些孩子總有辦法使父母親為自己做數學題或幫著寫作文。看到一份本來應該由女兒來做，女兒卻硬拉著她做完了的作業只得了個乙上，母親會感到很失望。如果家長過多地幫助孩子做功課的話，那麼孩子也就喪失了獨立完成的能力。而另一方面，若對孩子的作業放任不管，漠不關心，那麼有可能使孩子感到學校的功課不值得認真地對待。在對待孩子作業的態度上，你

可在放手不管和實際參與之間找到一個平衡點。倘若在孩子十一歲左右這一平衡點能建立起來的話，以後即使家庭作業真的成了一個至關重要的問題時，那麼這樣的態度對孩子整個學校生涯將會提供莫大的幫助。

對十一歲的孩子來說，家庭作業並不是在學校生活所遇到的唯一難題。在學期末他們還要面臨嚴格的考試。在十一歲之前，所有的孩子都曾經歷過測驗，但很多孩子到了十一歲期間將第一次和同學們坐在一個教室裡，就本學期所學的內容，在限定的時間內獨自回答試題。每個孩子對這種情況的適應情形，大部分都將取決於他們對自己作業的自信心。如果他們已經掌握了平時所學的內容，如果他們知道有瞭解自己的實力和弱點的家長作自己的後盾，如果他們並不指望自己十全十美，那麼他們將能從容地對付這一新的局

面。而那些還未能真正消化所學內容以及對自己的學習缺乏自信心的孩子，面對考試就會比較緊張。還有一些很擔心自己的成績考得不好的學童，或者擔心家長會責罵，或者自己不能忍受失敗，這樣的孩子則會十分憂慮。這些孩子在考場上會顯得心神緊張和慌亂，發揮不出最好的實力。人們在一生的任何階段中對考試都會感到緊張，尤其是其結果關係到自己將來前途的時候。然而，就像對待家庭作業一樣，如果十一歲的孩子在考試的過程上一開始就能採取一種放鬆和充滿自信的態度，那麼就會使他們在面對今後人生的挑戰時輕鬆得多。

對許多十一歲的孩子來說，成績單可能顯得更為重要。按照規定，全國性的統一課程及其相關的測驗成績必須向家長報告，以使他們瞭解自己的孩子在學校裡的進展。這一做法在小學裡即已實行，但是中學

裡由於教學方式的變化使得向家長報告成績方面也和以前有些不一樣。比如說，不僅成績單上列的科目較前增加，而且開列成績單的老師也比以前增多了。家長對成績單的反應——就像家長對自己的孩子在學校生活中各個方面的表現的反應一樣——有可能受到自己人生經歷的很大影響。比如說，以前自己各科成績都很好的家長自然地也期望自己的孩子能考出好成績。當自己的孩子在學習成績上受到挫折時這樣的家長自然會有一種沮喪感。有些家長自己在小時候曾因成績不夠理想而遭到父母親的處罰，以迫使自己更加用功，這樣的家長對成績單上正、負面評語的反應，恐怕都無法用來鼓勵自己的孩子，同時，他們也不會留意孩子用功之後成績上所出現的小變化。許多孩子之所以不敢將成績單帶回家裡去，是因為好成績似乎被認為是理所當然的，而考砸了則會引起軒然大波。家

庭作業也是一樣，倘若你能給予孩子適當的鼓勵和支持，不要太看重好成績，也不要太強調挫折，而是以關懷的心情去幫助你的孩子克服可能出現的問題，那麼，這就會使得孩子在功課中重新感受到輕鬆的樂趣。

特殊的需求

作為一般成長過程中的一個部分，所有的孩子都得經歷心智上的變化。對有些人來說，這一階段頗不順利。有些人感到十一歲時的學校生活會顯得特別的累人。在書面作業比較簡單並且實踐性比較強的學科，大家跟著一位專任老師聚集在一個教室裡，學習環境比較舒適宜人的時候，這樣的孩子還會過得不錯。我們在這一章前半部分談及的史蒂芬，在十一歲之前一

直設法掩藏自己在閱讀上的問題。作為一個聰明的男孩，他藉著觀察其他孩子和與他們交談，把閱讀的問題應付了過去。他甚至有本事在要求單獨朗誦的時候也能矇混過去。許多其他的孩子之所以能度過其早期的學校生活是因為周圍有熟識的老師和同學。不過，如果孩子是在十一歲時被發覺遇到了需要特別關注的困難，此刻仍為時不晚。因為這時的孩子可以使用一些特殊的設施，這些設施通常可以有效的提供幫助。

挣扎於特殊困難中的孩子，往往會藉著班上所表現的笨拙和搗蛋的行為來使大人們注意到他們的需要。當然很有可能是一些孩子將課堂攪得一團糟，弄得老師和同學下不了臺，以此來得到一種滿足感，並覺得自己了不起。但在絕大部分場合，這樣的行為實際上顯示了孩子感覺到他或她的權利沒有完全被顧及。

　　珍妮特(Janet)上課時總是和同學在教室後面不斷
地竊竊私語，弄得整個教室不得安寧。老師們並不知
道珍妮特有點聽覺上的障礙，因此聽不大清楚別人對
她所說的話。後來老師將她和鄰桌的同學一起換到了
最前排的位置坐，這樣就很快地將一件可能釀成大問
題的事情妥善的處理好了。

特殊的學習障礙

　　還有一些問題並非那麼容易解決。有些孩子在閱讀和寫作上的障礙是由於感官功能上的缺陷所引起的，有些障礙則表現出不會算數和記不住字母。這樣

的孩子常常弄不清字母應寫在哪一邊,把b和d弄顛倒,永遠記不清哪個是哪個。這樣的障礙還反覆出現在單字的拼寫上,搞不懂詞彙的組合、字母和數字是如何排列的。如果不意識到這類問題,任憑它們發展,那麼有這些問題的學生在教室裡騷擾別人也就不足為奇了。將近十一歲的孩子大部分功課情形如何將取決於他們的閱讀能力、能否弄懂文章的意思及寫作的能力。有這類障礙的孩子(往往男孩多於女孩)可能弄不大懂某些課文的內容,他們要是惹出點麻煩,也並沒有什麼奇怪。不過,一旦當這些孩子的問題被弄清楚後,可以設法提供特別的幫助。逐漸意識到他們這些障礙的教育工作者認為可以允許他們使用文書處理機(這樣他們常常感覺到較容易寫作),並且容許延長他們的考試時間。

學習遲緩者

前述學習上的特殊障礙，雖然不是太普遍，卻日益受到重視並以各種努力來提供幫助。然而仍有另外一些孩子，他們的學習問題恐怕需要不同的解決辦法，包括對他們嚴重障礙的清楚認識，他們需要更廣泛的幫助，或者轉到另一所學校。這些孩子就是在理解和學習上顯得比較遲緩的學生。

比如，強(Jon)總是顯得比別人遲緩。他出生得比別人慢；比別人要晚會坐起來，走路和說話都比別人發展得慢。他在學校裡的反應也比別人慢，但他是討人喜歡的、快活的、充滿生氣的男孩子，同學們都和

他相處得很好。要是有他在一起大家總覺得很開心，同學們也都很願意幫助他。他唸起課文來慢吞吞，背乘法表時結結巴巴，寫字很費力。強的父母親實在不願意去想到他的這些障礙，總希望他長大以後會好的。不過，在他十一歲時，那所相當傳統的學校指定的作業內容發生了變化。強變得非常緊張，感到壓力很重。家庭作業是一場可怕的夢魘。強想要趕上去，但他根本就不明白自己必須做什麼。他的父母親不得不幫助他，但強每個晚上變得愈加心煩意亂。他的父母醒悟到強已作出了多大的努力，也明白這對強來說有多麼的不容易。漸漸地，他們開始面對強在學校裡所經歷的情況，儘管他現在被編排在壓力較輕的小組裡，所指定的功課對他來說還是太繁重了。他們建議他該去一所小一點的學校，在那兒功課安排方面按每個人的情況自行調整。強對此既感到如釋重負又覺得失望。他想

和同學、朋友們待在一起，但他明白功課的壓力太重。他同意去看一下那所小學校，瞭解到了他將要做的功課情況，這功課看來他能勝任，於是他答應轉學。和往日一樣，強依然感到功課很難，不過轉學以後，功課的難度已不再與沈重的心理壓力連在一起，現在他不必擔心趕不上別人。強回復到了往日平靜的心緒，並能發展其他方面的能力，不再有功課的壓力。他依然能夠見到來自老學校的朋友們，同時又在新學校裡結識了新朋友。看到強的嶄新變化，他父母親很高興，他們勇於正視自己的失望，認清了兒子的弱點，最後使兒子發揮出了最佳的能力。

情感對學業的影響

　　孩子們的功課成績不好，最普遍的原因恐怕源自注意力不集中的問題。注意力不集中往往是由於孩子們的頭腦被一大堆與功課無關的事占滿了，這些念頭是如此之強烈，他們幾乎已沒有空餘的空間來想其他任何事情。這類問題我們已在其他章節中談及。若拉，那個家人出去上班時她一個人留在家裡看電視吃零食直到家人回來的女孩，便是這樣一個例子。有一段時間，她在學校裡的表現受到了她對家人情感的影響。安吉也是這樣一個女孩，她的性成熟使得她跑出去與年齡比自己大的女孩混了一陣子，她同樣也沒有時間去

考慮功課,因為她腦子裡都充滿了自己的性發育情形。後來經過家長和老師的明智的幫助,兩個女孩才都恢復了對功課的正常興趣。

　　所有的孩子在成長中都會經歷一些艱難的時期,十一歲的孩子尤其如此,他們覺得自己在上課時無法保持精力集中。特別是那些經歷了艱難的生活、挫折,遭人冷落和欺凌的孩子也許會覺得很難將心思從以前那些受壓迫的情境中轉移到諸如數學、英國都鐸王朝

的政治形勢、冰島的進出口情形等這類概念上來。一
個經歷了失去父親或母親（亡故、離婚或其他原因）的
孩子在老師講課的時候注意力無法集中，這是很自然
的事情。

對那些因眼前的事情而腦子裡充滿了騷動不安的
念頭的十一歲孩子來說也是如此。像若拉和安吉這類
與時下的煩惱有關的問題還比較容易解決。有些十分
棘手的問題是某個孩子已為之困擾了好幾年，也已經
找到了排解的方法，但當他（她）到了十一歲時這些
方法卻失靈了。比如說，很多孩子藉著肢體活動、不
停地做這做那的方式來使自己避免想到那些痛苦的情
感，排開心頭的恐懼。到了十一歲時，學校裡要求他
們集中心思來思考問題，倘若他們不將長期以來不去
體會的思想和情感重新復活起來的話，就無法達到學
校方面的要求。這可能會產生令人左右為難的困境。為

了做到注意力集中，有些孩子不得不去感受他們原先不願面對且令人心緒煩亂的思想和情感。而另外一些孩子則仍然我行我素，排開一切認真嚴肅的念頭，因此也限制了自己在應付學校功課上的能力。

比如說，蕾拉(Leila)在數學和自然科學方面很出色，但她實在無法應付英文和詩，或任何觸及到她情感方面的科目。幾年前突然間她不得不離開了自己的祖國，離開了朋友和家人和她所熱愛的一切，再也沒有回去過。那時她必須表現得很勇敢，幾年來她也一直表現得很堅強，一開始她不能顯露出自己的情感，後來則喪失了去感受可能干擾她心緒的任何情感。她是個非常注重實效的人，喜歡做事情而且做得很好。她無法去想那些可能令她回想起往日的情感或任何與她失去的一切相關聯的事情。在有些方面她能發揮出自己的才能，但在另一些方面卻不能。

　　蕾拉的辦法就是抹去某些情感。另外一些孩子找到了對付不愉快情感的另外一些方法。這其中的一些方法對於一個需要大量學習的十一歲孩子來說是無益的。有些就像蕾拉一樣，試圖整天不停地做事情以使自己的內心不去感受煩惱，這樣就沒有時間來想到功課，而功課是要求他們思考的。而另一些人則是日夜不停地看電視，以此來排遣自己的情感，讓螢幕上的電視劇裝滿了自己的腦子，這樣他們就沒有餘地來思考功課了。

　　傑森(Jason)找到了另外一個應付自己生活的方法。他小時候和爸爸很親密，後來他爸爸回家鄉去，留下了他和媽媽和兩個妹妹。此後傑森再也沒見到爸爸。這時候傑森受到了嚴重的創傷。他還比較小，於是他認定——就像許多這一年齡的孩子會這麼做一樣——爸爸的離去是因為他，傑森，是個頑皮搗蛋的孩子。這

是一個相當令人苦惱的念頭，於是他試圖來補償這一點，在家裡他取代了父親的角色，表現得像個大男人，照顧母親和妹妹。但在實質上他仍覺得自己很淘氣，不過在家裡扮演了大男人的角色，他也感到自己很了不起。他想，自己是老大，而且也沒人來告訴他該做什麼。

在小學時他變得非常專橫跋扈，成了一個頭頭，但仍然是一個覺得自己什麼都懂的孩子。他是一個偏重實際的孩子，雖然他在閱讀、寫作和算術上有些問題，但總的來說他的功課還不錯。要是有些內容他沒聽懂，他就會找小嘍囉來幫他忙，甚至代他做。老師們感到他相當難駕馭，但往往又很能幹。他很樂意自己在學校裡是高年級的一分子，他就像在家裡一樣來管理那些低年級的學生。在他到了十一歲升入中學之前，所有這一切都順理成章。然而，到了中學後他發

現自己成了小弟弟，更糟的是，他不得不和班裡的其他同學坐在一起聽一大群不同的老師講課，試圖掌握老師所講的內容。他不得不讀書，寫作文。傑森感到自己很渺小，微不足道。他覺得自己被原來那所學校的老師拋棄了，就像當年他爸爸所做的一樣。

傑森在學校裡變得相當糟糕，上課時常常講話和大笑，時常缺課，顯得粗魯和搗蛋。他覺得爸爸和老師離棄他是因為他是個壞孩子，於是他真的就想讓自己像個壞孩子。他的導師立即為此感到非常焦慮，而他的母親則覺得自己原先責任心很強的孩子完全變了樣。她認為這是學校的過錯。當學校的性質和功課的內容發生了變化的時候，像傑森這樣的孩子就會遇到一些麻煩。這樣的孩子能否適應這一變化將取決於學校和家庭雙方如何一起來幫助他們，同樣也取決於孩子自己是否深切地意識到在適應和學習方面需要得到

別人的幫助。許多家長總是抱怨學校，而沒有認識到這是與整個環境相關的問題，包括他們自己。倘若所有相關方面能攜手合作的話，這樣的問題就可以得到解決，而不需要進一步的專門幫助。如果家庭和學校雙方不在最早的階段，也就是說在孩子十一歲的時候就及時採取行動的話，那麼他就可能積弊難改，他在學校裡的前途也就很危險了。像傑森這樣的孩子除非能找到某種適應學校生活更有效的方法，不然的話他會越來越落在後面，這樣他要改正不良行為也就越來越困難了。

在關心孩子的問題上並不是所有的家長都感到很容易與學校和老師一起配合。他們對自己的學校生活的記憶，也許是以前較不懂事時的一些情境，這些可能會影響他們對老師和學校的看法。他們覺得去和校方談談自己的孩子彷彿被召去見校長一樣。不過，作

為家長的你，與孩子的學校方面保持良好的聯繫是很重要的。家長們需要瞭解孩子近來在學校怎麼樣，他（她）在哪些方面需要得到幫助，同樣也要知道孩子近來一切進展是否順利。老師們需要瞭解孩子在家裡怎麼樣，特別是，家人中是否有人生病及這樣的情形對孩子的學習影響程度。

在孩子十一歲的時候,這樣的合作是最重要了。家長需要瞭解孩子對學校的變化適應得怎麼樣，與老師交談不必覺得緊張。要是能這樣做的話，就會使孩子在學習上有一個良好的開端。對於那些在自己的學校生活中未留下美好回憶的家長來說，與校方的合作將能使他們給自己的孩子提供一個更為美好的開端，他們甚至能因此找到一個不同的角度，並由此對自己學生時代的歲月產生一種新的認識。

第五章

朋友與興趣愛好

　　討論瞭解十一歲孩子的話題現在要談到孩子們日益增長的獨立意識的問題。獨立意識的增長與他們對自我瞭解的發展、自我照料能力的增強、自我思考及知道自己的特點、自己的能力都有關。我們在前面曾論及，以前他們差不多都是依賴父母，現在他們逐漸增長的能力有可能使得他們逐漸疏離家人，願意自己或與朋友們一起來找些事情做。

　　琴(Jean)把所有的假日都消磨在賽馬訓練場裡。她

小時候曾學過騎馬，現在她十一歲了，她父母同意她一大早出去（並不很遠，就在他們住處的附近）。她在馬場裡很受歡迎，她幫著飼養馬匹，打掃馬廄。她幫著年幼的孩子騎馬，自己也會找機會騎上幾圈。雖然只要有任何問題的話，她可以隨時回家，但是她的父母往往整天見不到她；他們很高興她有一項愛好，而她也正在學習如何照料馬匹。琴完全迷上了這些新的技能和在那裡遇見的人。只要是安全無慮的話，合群的十一歲孩子覺得並不需要父母，但他們確實需要其他的同齡孩子。

團體和夥伴

　　八歲、九歲和十歲的孩子往往與自己同性的小夥伴結成一個個團體。看一下小學操場上的情景，就可看出一群群女孩與一群群男孩都是分得開開的。到了十一歲，這些團體通常已變得相當固定，每個孩子都知道自己在團體裡所扮演的角色。在女孩中，有些人可能長得很快，因而漸漸離開了原先的團體，不過大部分女孩和男孩依然是他們原先形成的團體中的一員。比如說，我們在前文中提到過的湯尼，就是想和夥伴們一起去看足球賽的那個男孩，都能和朋友結伴到某些地方以及做些不敢獨自去做的事。大部分十一

歲孩子的課外生活和閒暇興趣都是以他們所交往的團體為主，因此這一團體對他們而言是至關重要的。這就是為什麼十一歲的孩子在考慮選擇一個學校時，通常總願意去同伴們也去的那所學校，這一願望若得以實現，那麼對於他們適應新的環境將有很大的幫助。

女孩的團體

女孩的同齡團體似乎要比男孩的團體較早出現瓦解的現象。有些十一歲的女孩，比如像前面述及的安吉，想要為自己打開一條新路子，她們不是去結交一些年長的女孩，便是與年長的男孩待在一起。這樣的女孩在經歷了一段時期之後，常常總是又回復到了與自己年齡相搭調的行為上。就像安吉的父母親一樣，做

父母的倘若不想被看作是老古板——這永遠會招來孩子的反感——也不想被認為對自己女兒危險的早熟漠不關心的話，他們對這類情形需要及時察覺、富有理解心，同時也需要堅定的態度使自己的女兒明白自己還相當年幼、不夠成熟。

除了較早地進入發育期之外，女孩的團體在其他方面與男孩的也不一樣。女孩往往有一位最要好的朋友，在小學裡所形成的夥伴群往往也是知心朋友間的組合。這些團體可能熱衷於很多好朋友的相互交換，這在夥伴中會引起不少傷心事。對父母親來說，看著孩子心裡難受而在一邊袖手旁觀是困難的，他們往往有可能會介入插手，找小孩原先朋友的家長談一談，甚至跟著自己的孩子說幾句那個小朋友的壞話。不過，從某種意義上來說，這些人際交往的戲劇性也使得女孩能夠理清楚在與別人的關係中自己所處的位置。人生

中的榮辱沈浮、世態冷暖使得她能觀察到自己的行為表現對別人帶來的影響及別人的行為表現對自己的影響。一個年幼的孩子也許還不能以這樣的方式來看清楚各類關係，而十一歲的孩子則漸漸能這麼做了，女孩子在自己夥伴群中的種種社交方面的經歷已使得她能清楚地認識自己，認識到自己該如何待人，同時也能思考別人的為人處事。

大多數這一年齡的孩子有時對自己的朋友態度很壞，作為一個家長，你也許會為女兒感到憤憤不平。找個機會就你女兒目前所經歷的各種困惑與她平靜地談一談，向她表示你的愛護和關心，但不要有所偏頗，這樣能使她更加懂事明理，並能在今後與夥伴們建立更成熟的關係。

男孩的團體和夥伴

不知道《正義的威廉》(*Just William*) 一書中所描寫的威廉・布朗(William Brown)是什麼年紀。他的英雄事跡顯示出他可能還不滿十一歲。儘管如此,他與自己夥伴之間的關係與平均年齡十一歲孩子們的相互關係似乎並沒有很大的不同。威廉和他的夥伴們似乎經常做些調皮搗蛋的事,十一歲的孩子也會這麼做,當然常常是一群群十一歲的男孩聚在一起去尋找某種樂趣,就像威廉一樣。從整體上來說,男孩的團體對彼此間的關係並不怎麼在意,他們更感興趣的是自己在做什麼。因為他們好像對踢足球、溜滑板、做飛機模

型、玩遙控汽車等一類的事頗為在行。這年齡的男孩好勝心很強，對彼此間的輸贏很在意，倘若某人擁有了某物而自己卻得不到，這時候心裡就會很難受。男孩們的吵架有許多原因，而且他們要吵的話就會衝動而大打出手。不過，很多十一歲的孩子會控制住自己打架的慾望，將憤怒轉化為言辭上的攻擊。十一歲的男孩（女孩也一樣）已學會了一大堆各式各樣罵人的話，而且隨時會使用。與打架一樣，許多家長對罵人

也同樣非常討厭，確實，一個很會罵人的孩子，會令人覺得他非常粗野。另一方面，用言語來打擊某人實際上也是一種進步。有些家長可能認為十一歲的孩子以彼此對罵來決出勝負要比打架好。這樣的家長希望自己的孩子儘快能找到渲洩憤怒的方法而不是一味罵人，也希望他們在成長到一定的階段後就會改掉罵人的陋習。孩子的父母平時若不大罵人的話，孩子就會學他們那樣，以其他的方式來平息或渲洩自己不愉快的情緒。

就像威廉·布朗他們一樣，男孩團體的夥伴彼此之間都比較忠誠。他們之間可能存在著競爭與對抗——雖然團體內的成員大都已排定了位置，比如說頭兒——但是真正強烈的對抗更常見於團體與團體之間。不僅是男孩的團體，女孩的團體也是如此，而且，說實在的，很多團體都是以與其他團體作對來換取內部的和

諧。這種情形在十一歲的年齡是合適的。在以後的發展中很多男孩會找到其他的方式來處理敵對的情感。

十一歲男孩和女孩所屬的團體對於他們學會如何與別人交往來說是一個非常重要的實踐場所。在他們變成青少年開始形成雙雙對對的關係時，這些團體似乎會漸趨瓦解。對許多孩子來說，在青春期將要到來之前的時期是他們一生中在人際交往方面最無憂無慮的歲月。許多十一歲的孩子在這時結交了終生的朋友。

不善結交朋友

那麼那些覺得很難交上朋友，因而不屬於任何團體的孩子怎麼辦呢？絕大部分這些孩子的家長會感到這不是一個新問題。難以交上朋友的十一歲的孩子在

以前八歲、九歲、十歲的時候也有同樣的問題。家長們可能會注意到這樣的孩子與家人的關係往往也不怎麼和諧，可能與母親之間尤為疏離。自孩提時在母親的懷抱中就有一種安全感和自信感的孩子在夥伴中往往是最受歡迎，最有人緣的一個。瞭解自己的孩子在這方面困難的內在問題的家長要對孩子多加關懷，若孩子在幼年時便能感受到這種關懷的話，也許會有助於他克服交友方面的障礙。

羅絲(Rose)是一個單身母親的獨生女，在某種程度上，母女倆的關係非常親密。在羅絲年幼的時候，她母親過得很辛苦，雖然母親很寶貝她。當時她母親還在繼續著自己的學業，她很擔心孩子的成長，不知道該如何妥當地照顧她。她所能找到的托兒所或看護人都不怎麼理想，心裡總是惦記著孩子留在那裡會怎麼樣。羅絲的母親學業一結束後，心裡便鬆了一大口氣，

這樣她就有更多的時間與女兒待在一起了。不過只要母親不在，羅絲心裡依然是七上八下，為母親的離去而煩躁不安。羅絲在幼稚園最初的幾天簡直是度日如年，不過最後她漸漸地使自己適應了這裡的新環境，大部分時間跟在老師後面轉，希望來幫老師點忙。上了小學以後，雖然開頭的一段日子可能並不愉快，因為羅絲必須熟悉、習慣她的新老師，不過在總體上她適應了新環境，在小學的這一段歲月過得相當愉快。有時

候她和其他的小女孩一起出去喝茶，不過最後似乎總有點鬧得不歡而散，她不得不回到家裡與母親待在一起。

要升到中學去的時候，羅絲差不多快十一歲了。羅絲的母親拿不定主意該送她進哪所中學。她非常想使羅絲安頓下來，因為直到如今，她為照料羅絲，一直在打零工，現在羅絲比以前長大了，她打算把更多的時間花在工作上。問題在於羅絲是該上班裡大部分其他同學要去的那所學校，還是她該有個嶄新的開端，可以去認識新的夥伴？羅絲與現在班裡的同學似乎相處得不怎麼融洽，她好像只想待在家裡與母親在一起。羅絲的母親去找她的老師商談。羅絲的老師也很關心羅絲該升入哪所學校的問題，從談話中她得知羅絲的母親正考慮換工作。她向羅絲的母親談了自己的顧慮，她覺得在這關鍵的時刻對羅絲放手的話，恐怕真的會

使她不知所措。羅絲的母親決定與自己的女兒談一下，並且明確地表示，在羅絲放學後她會像往常一樣在家裡，並決定暫時不增加工作時間。她們一致認為羅絲應該和班裡的其他同學去同一所學校。她的老師把羅絲的有關情況告訴了新學校裡的職員，這樣他們就會比較留心羅絲所分到的班級。事實上，在她新的夥伴群裡有一個新近搬遷到她家鄉近的女孩子，她沒有什麼朋友和熟人。羅絲羞答答地與這個女孩子交上了朋友。過了很長一段時間，羅絲才習慣了新環境，好幾年來她一直依附在這個新朋友的身邊。然而由於羅絲的母親知道自己女兒性格上的弱點，並預先採取了一些措施，使得羅絲增強了自信心，慢慢地有了全新的開始。

羅絲也許是幸運的。另外一些孩子的問題起因於不和睦的家庭關係，這樣的孩子因此可能會避免與同

齡夥伴交往。上文曾提到過的傑森，就是那個在轉學中經歷了一些障礙的男孩，他認為自己有不少朋友，但實際上這都只是些調皮搗蛋的損友，在需要他們的時候並不會幫助他，這常常使傑森感到很苦惱；而他和別的孩子在一起的時候總是要當老大，這樣也使他無法贏得真正的朋友。

還有一些孩子感到有很多活動都是自己無法參與的。很多這一年齡的孩子往往找不到投緣的朋友，也不易找到令自己感興趣的事情去做。值得注意的是，那些最有人緣的十一歲的孩子往往就是那些能動腦筋找出事兒來做的孩子。這些想法使得其他的孩子願意與他在一起。孤獨的孩子常常在電視中找到自己的避護所。這樣的孩子感到與螢幕上的這些人物彼此溝通會得到更大的滿足。這些離群獨處的孩子已經沈溺在自己想像的生活中，他們已不需要去結交真正的朋友。在

他們的想像中，孤獨的孩子也能控制住這一情形。

　　與電視一樣，電腦常常給缺乏朋友的孩子提供了一種慰藉。玩電腦遊戲使孩子永遠處於一種全神貫注的投入狀態。害怕失去控制常常是一個孩子拙於與其他孩子交往的障礙。電腦遊戲吸引了孩子所有的注意力，使孩子擺脫了日常生活中的恐懼和沮喪，從而進入了一種身心和諧的狀態。電腦遊戲很容易使人入迷，使孩子忘卻了真實的世界和真實的人。不少十一歲的孩子都經歷過一個沈溺於電腦遊戲的階段。絕大部分人都從迷戀中走了出來，有些加入到其他孩子的團體中去玩些別的項目，有些人的興趣則轉移到了電腦的有益用途上，有些乾脆就是玩膩了。有些確實不願與其他孩子相處的孩子，可能依然沈溺於這樣的遊戲，以此來繼續躲避與其他孩子交往的不如意。到了十一歲的時候，家長們對孩子迷戀於電腦的情形也許不必過

於擔心。要是這種迷戀一直持續下去，而且除電腦外對其他一切都不感興趣的話，那麼家長們該思索一下了，很可能需要徵尋專家的建議。

恃強凌弱和尋釁欺人

有些不願與別人交往的孩子可能抱怨說遭人欺

侮。他們之所以躲避著其他孩子是因為他們堅信別的孩子會欺侮自己。有些孩子在學校裡確實已多次遇到過這類事情，因此使他們產生了這樣的想法。而另一些抱怨遭人欺侮的孩子以前也曾欺侮過別人。菲力普(Philip)，一個十一歲的男孩，抱怨在新的學校裡受人欺凌。他母親感到很驚訝，因為在過去常常有人來告狀說他欺侮低年級的孩子。現在他的父母親正打算離婚，他的母親再也無法忍受丈夫的粗暴行為了。菲力普喜歡爸爸，不希望父母親離異。但他母親深信她丈夫常常猜忌自己的兒子並待他粗暴。她知道，以前每當菲力普受了氣，他便找其他的孩子出氣。現在菲力普感到父親正陷入痛苦之中，覺得很內疚，於是他讓自己遭到了別人欺侮。

大多數孩子都曾被人欺負過或自己欺負過別人。能夠控制住自己脾氣的家長可以自己的榜樣來使孩子

明白應該以何種方式渲洩自己的煩惱和怒氣，而不是朝著別人發火。惱怒不形於色的家長往往就會有冷靜理智、細心體貼的孩子。認真地檢討一件紛爭似乎並不是一件令人愉快的事。因為這意味著你得為這些困難承擔責任。然而倘若這些困難都能仔細地思忖一下並認真地進行商討的話，那麼在長遠的人生中對父母和孩子都會比較容易得到處理。而且和十一歲的孩子商討一些事情比以前容易多了。

馬瑞克(Marek)的父親對馬瑞克真的非常生氣，因為馬瑞克事先沒有告訴他晚上開家長會的事，而在同一天晚上他已安排了一個商務上的重要會議。他很想見見馬瑞克的老師們。他懷疑馬瑞克是不是故意地在他安排了商務會議之後才告訴他家長會的消息，因為他不想讓自己去參加家長會。馬瑞克不想讓父親知道的事情會是什麼呢？馬瑞克的父親起了疑心，並且很

生氣。他本來一回到家就想斥責馬瑞克的，這時他思忖起來。他上回見到馬瑞克是在什麼時候？前幾個晚上他都工作到很晚，幾乎沒見著馬瑞克。他這麼一想，怒氣就消減了一些。他的會議也許可以往後延。他提早回到了家，沒有馬上提這件事。無意中，他聽到馬瑞克正在向母親嘟囔抱怨著匆忙發下來的家庭作業，因為學校裡一臺主要的影印機出了嚴重的問題。當父親與馬瑞克說話時，馬瑞克還在為學校晚發下的家長會通知而憤憤不已。馬瑞克說，學校要他們為那份簡短的通知書向家長致歉，並解釋一下影印機的故障問題。他已把這事告訴了媽媽，但因沒見著爸爸而未能告訴他。他媽媽忘了告訴爸爸有關影印機的事，因為在她說起家長會一事的時候，他正怒氣沖沖。馬瑞克的爸爸很慶幸自己沒有立刻朝馬瑞克發脾氣，因為這事馬瑞克沒有錯。在自己的會議之前，他去出席了一會兒

家長會，並得知馬瑞克在學校裡表現相當不錯。他很高興自己弄清了緣由並參加了會議，因為本來他非常光火，曾打算以不參加家長會來懲罰馬瑞克。從長遠的發展來看，倘若他繼續懷疑馬瑞克的話，那麼馬瑞克在學校裡的情形也許就不會那樣開心。馬瑞克瞭解父親光火時並不立即發作出來，由此學到人生氣前靜下心來想一下是很有幫助的。

不僅生氣時應當如此，在其他方面也一樣。父母親能和自己的孩子談談自己的感覺，既能使彼此共享快樂，也能一起分擔憂愁。但是那些喜怒哀樂不形於色的家長以及不能忍受孩子表達情感的家長，將會使孩子感到自己不宜外露情感。但是孩子不可能永遠將情感憋在肚子裡！這樣的孩子也許會把各種情感以極端的方式迸發出來，如號啕大哭或破口大罵。

父母親的粗暴和拒絕孩子的任何情感都可能使孩

子處於一種難以忍受的境地，他們對自己所受到的粗暴對待感到怨憤不平，卻又無法來訴說心中的痛苦。在這樣的情形下，孩子就很有可能將此引發為暴力行為甚至暴力犯罪。如果從來沒人關切到他們的感覺，他們就會認為自己也無需顧及其他人的感覺。

當然，有一些孩子可能還不能懂得大人對自己情感的認同和理解的程度。有些孩子對此也許還沒有意識到，除非大人們所做的正好符合他們的願望。不過仍然有一小部分孩子其人生閱歷尚不足以使他們明白別人對自己的關心留意或別人如何看待自己。這樣的孩子很可能會肆無忌憚地表現自己的情感，而毫不顧及到其他人。

家長在自己孩子的行為塑造方面起著關鍵的作用。對於孩子的所作所為，老師和環境可能會起減緩或加劇的作用。不過，對大多數十一歲的孩子而言，其

父母的榜樣作用往往已足以幫助他們處理自己的情感。大部分十一歲的孩子不會去欺侮別人，而且通常會有充分的自信心不讓別人來欺侮自己。所有十一歲的孩子有時都會怒火中燒。他們如何來發洩這心頭之火，是去打架、吵罵、放聲大哭、遷怒他人，還是生氣不理人、裝作若無其事及找人談一下，都將取決於幾年來其周圍的人對他（她）行為的反應如何。到了十一歲時，隨著孩子在其他方面的發展，他們對事物的反應也漸趨成熟，而且變得更為理解和體諒別人。如果你能理解和接受孩子的生氣，並能藉由談話來加以疏導，這就會使得你的孩子在大發雷霆之前靜下心來想一下，並把心頭的鬱憤訴說出來。

競爭與合作

　　十一歲的孩子在自我意識增長的同時，他們還日益看重自己在學習上和競爭性遊戲上的表現，這使得他們往往會左顧右盼，互相比較。煞費苦心的競爭也會逐漸展開，有些競爭會使得某個團體起勁地與另一個團體作對。孩子有時候會注意自己夥伴的表現並發現自己在某些方面的表現不如他們，這時候家長也可以幫助孩子從難以避免的挫折和失敗中汲取有益的教訓。競爭有時候能激發出更大的積極性，但是對很多孩子來說，它似乎也會使他們產生沮喪感，有可能由此而退卻認輸。如果家長一定要孩子在班裡保持名列

前茅，那麼即使是表現一直很好的孩子也會感到力不從心。有些孩子花了九牛二虎之力卻仍然成績平平，倘若你要求他們再策馬加鞭，那麼他們就有可能徹底灰心喪氣。有一個成年男子深刻地記得他曾非常憎恨某個男孩，在整個學生時代這個男孩一直與他競爭班裡第十或第十一名的位置。在成年後的生涯中他是一個相當成功的人，但始終有一種失敗的恐懼伴隨著他，這種感覺在暗中侵蝕著他生活的品質。倘若你並不很在意自己的孩子與班裡其他同學的關係相處得如何，那麼你可以幫助孩子與這些同學去競爭。有些家長很在意自己的孩子是否發揮出了最佳的能力，而不怎麼在乎孩子在班裡的名次，這樣的家長在支持孩子的表現方面相當盡力。這樣的態度使孩子感到，父母親最關心是在於自己本身，而不是自己的能力是否比別的同學強。有這樣的家長支持的孩子在學習上不會與別人

去比，這樣他們就能發揮出最好的水準。這也將不斷提高他們自己對自身的認識。

在品味自己正在發展的獨立意識和對自己的感覺之際，同時，許多十一歲的孩子也比以前更能夠觀察和關懷別人。這樣的孩子比以前更能容忍別人的缺點，看見朋友需要幫助的時候，會懷著比以前小時候更多的同理心而伸出援助之手。任何年齡的孩子對別人都具有一種善良心和同情心，不過到了十一歲的時候，幫助別人有可能是出於對別人困境的某種理解。舉例來說，雪倫(Sharon)，就是羅絲在新學校裡認識的朋友，是個很有容忍心的孩子，有時候羅絲實在找不到媽媽在哪裡，她就會驚慌失措而大發脾氣，雪倫對此非常能夠容忍。雪倫瞭解自己的朋友過一會兒就會好的。她知道自己很幸運，有一個大家庭，周圍總會有人伸出手來幫助自己，因此她能諒解羅絲在沒有任何人可以

依靠時所表現出來的驚恐。

十一歲的孩子將自己的想法和情感訴諸言詞能力的不斷提高，是使他們對他人的理解心漸趨增強的因素之一。假如年幼的雪倫碰到難相處的羅絲，她們也許乾脆就分道揚鑣了，要不然就會發生一場爭吵。十一歲的雪倫已能詢問羅絲問題出在哪裡。羅絲並不是總能清晰地告訴她，不過這時她們會努力將兩人間的糾葛理清楚，並開始懂得彼此間的想法。雖然十一歲的孩子很樂意在一起活動，他們彼此之間交換想法的能力也比以前增加了。

這樣，置身於他們從小就熟識的社會結構中，十一歲的孩子在鍛鍊著自己觀察和溝通的社會性技能，在青春期及此後的人生中，他們還會需要越來越多這方面的技能。

結論

　　我們在這本書裡提到的第一個十一歲的孩子提姆，在他進入人生第十二個年頭時感到頗為迷惘。他的父母親也感到十一歲是一個「夾在中間的時期」。他

們是對的。不過正如我們已經看到的，這階段也是重要的和緊張忙碌的時期。在這一年，提姆有很多事情要思考。他的父母親也一樣。提姆需要逐漸告別他早年孩提時代所關心的事物，進入到一個更具有責任感的、並且從某些方面來說更富有自知意識的人生階段作好準備。他必須告別某些比較任性的、無所顧忌的行為，而變得比較深思熟慮。並不是只是在學校裡才需要這樣——不管怎麼說，他在學校裡似乎表現得挺不錯——而是這影響到了各方面，如在家裡的關係，在學校裡的關係，以及在校外與朋友們在一起的生活。這甚至影響了他的生理發育，他比以前長得高大結實了，他開始期望自己長得更大。

我們已經看到，所有的這些發展，既激動人心，似乎也頗為可怕。十一歲的孩子不僅勇於嘗試，且經常犯錯。我們都會犯錯，任何時候都會，不過處於經

驗早期的人們比其他時候更容易犯錯。我們已經看到，十一歲的孩子正面臨著人生的大變化。因此，十一歲的孩子真的很需要知事明理的家長來發現他們漸入發育成長期時種種莫測難辨的變化，及一些他們時而會表現出的更加孩子氣的行為。十一歲的孩子開始能講述自己的事情及自己所遭遇到的事情。大部分孩子還沒有到達青春期時獨立不羈、桀傲不馴的階段。因此，很多家長還頗幸運能夠與自己的十一歲孩子交談，幫助他們思考所遭遇到的事情。這樣的幫助若是在彼此間非常融洽的關係中恰當提供的話，那麼孩子對此可能會充分地感受到，並且對他們今後的人生發展將很有裨益。

　　認真思考並面對周圍所發生的變化，對家長及十一歲的孩子都很重要。變化意味著行為的調整，家長和孩子都必須因應孩子的成長所帶來的需求。對此能

夠開誠布公地交換彼此看法的家庭，會感到這些變化並不太令人覺得困惑和難堪。

如果家長和孩子都能正確地加以對待的話，十一歲會是一個非常有趣的年齡。對這一年齡的變化作出適當的調整將為青春期的順利轉型奠定一個良好的基礎。

參考資料

☐ *What's happening to my body?*, Lynda Madaras, Penguin, 1989

☐ *Narratives of Love and Loss*, Margaret and Michael Rustin, Verso, 1989

☐ *The Emotional Experience of Learning and Teaching*, Isca Salzberger-Wittenberg, Gianna Henry & Elsie Osborne, Routledge & Kegan Paul, London, 1983

☐ *Parenting Threads, Caring for Children When Couples Part*, National Stepfamily Association, 1992

協詢機構

□中華兒童福利基金會臺北家扶中心

(02)351-6948

　臺北市新生南路一段160巷17號

□臺北市私立天主教附設快樂兒童中心

(02)305-8465,307-1201

　臺北市萬大路387巷15號

□臺灣世界展望會

(02)585-6300 轉 230~231

　臺北市中山北路三段 30號 5F

□財團法人中華民國兒童福利聯盟文教基金會

(02)748-6006

臺北市民生東路五段 163-1號 3F

□財團法人臺北市友緣社會福利事業基金會

(02)769-3319

臺北市南京東路 59巷 30弄 18號

□財團法人臺北市覺心兒童福利基金會

(02)551-6223, 753-5609

臺北市中山北路二段 59巷 44弄 3號 1F

□財團法人臺北市聖道兒童基金會

(02)871-4445

臺北市天母東路 6-3號

□臺大醫院精神科兒童心理衛生中心

(02)312-3456 轉 2390

臺北市常德街1號

□中華民國兒童保健協會

(02)772-2535

臺北市忠孝東路四段 220 號 8F

□中華民國兒童保護協會

(02)775-2255

臺北市延吉街 177 號 8F

□中國大陸災胞救濟總會臺北兒童福利中心

(02)761-0025, 768-3736

臺北市虎林街 120 巷 270 號

□財團法人中國兒童福利社（附設諮詢中心）

(02)314-7300~1

臺北市中正區武昌街一段16巷 5 號

三民書局在網路上與您見面囉！

從此您再也不必煩惱買書要出門花時間
也不必怕好書總是買不到

有了三民書局網路系統之後
只要在家裡輕輕鬆鬆
就好像到了一個大圖書館

全國藏書最齊全的書店
提供書籍多達十五萬種
現在透過電腦查詢、購書
最新資料舉手可得
讓您在家坐擁書城！

●會員熱烈招募中●

我們的網路位址是http://sanmin.com.tw

做孩子一生的朋友

~親子叢書系列~

父母的成長從瞭解孩子開始

釋放童稚的心靈
開創無限寬廣的
想像國度

■中英對照

伍史利的大日記
─ 哈洛森林的妙生活 I、II ─

Linda Hayward著
本局編輯部　譯

趁著哈洛小森林的動物們正在慶祝
著四季的交替和各種重要的節日時
，讓我們隨著他們的腳步，一同走
進這些活潑的小故事中探險吧！

活潑逗趣的精彩內容
讓您回味兒時的點點滴滴

給大孩子們的最佳獻禮

※中英對照

100％頑童手記
陸谷孫譯
Wilhelm Busch著

且看頑童又會想出什麼惡作劇的點子？惡作劇的下場將是如何？七個惡作劇故事的連綴，將有您想不到的意外發展……

非尋常童話
陸谷孫譯
Wilhelm Busch著

由中、英兩種語言寫成流暢的雙行押韻詩，串連起一篇篇鮮活的「非尋常童話」。

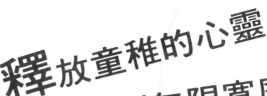

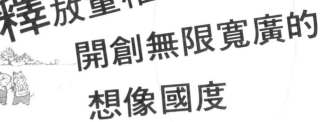

釋放童稚的心靈
開創無限寬廣的
想像國度

■中英對照

伍史利的大日記
── 哈洛森林的妙生活 Ⅰ、Ⅱ ──
Linda Hayward著
本局編輯部　譯

趁著哈洛小森林的動物們正在慶祝
著四季的交替和各種重要的節日時
，讓我們隨著他們的腳步，一同走
進這些活潑的小故事中探險吧！

活潑逗趣的精彩內容
讓您回味兒時的點點滴滴

──給大孩子們的最佳獻禮──

※中英對照

■100％頑童手記
陸谷孫譯
Wilhelm Busch著

且看頑童又會想出什麼惡作劇的點子？惡作
劇的下場將是如何？七個惡作劇故事的連綴
，將有您想不到的意外發展……

■非尋常童話
陸谷孫譯
Wilhelm Busch著

由中、英兩種語言寫成流暢的雙行押韻詩，
串連起一篇篇鮮活的「非尋常童話」。

真愛圖畫的美色 孩子們假期裡的新鮮事

——簡明的文字
精美的挿圖
最受孩子們歡迎的
故事書——

~救難小福星系列~

Heather S Buchanan著
本局編輯部編譯

① 魯波的超級生日
② 貝索的紅睡襪
③ 妙莉的大逃亡
④ 莫力的大災難
⑤ 史康波的披薩
⑥ 韓莉的感冒

繽紛的童言童語

照亮孩子們的詩心詩情

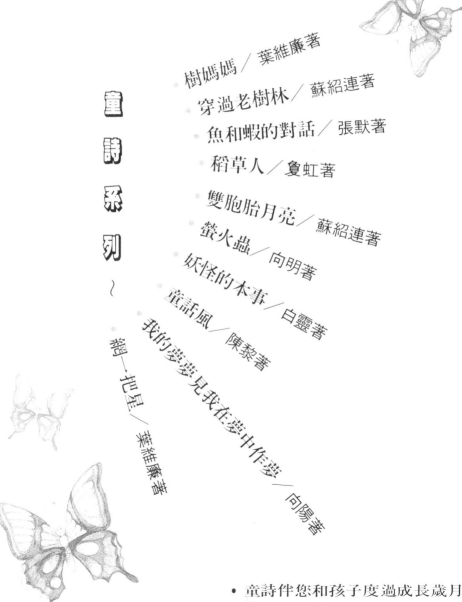

童詩系列～

樹媽媽／葉維廉著

穿過老樹林／蘇紹連著

魚和蝦的對話／張默著

稻草人／敻虹著

雙胞胎月亮／蘇紹連著

螢火蟲／向明著

妖怪的本事／白靈著

童話風／陳黎著

我的夢夢見我在夢中作夢／向陽著

網一把星／葉維廉著

• 童詩伴您和孩子度過成長歲月